Unfiltered
How to be as Happy as You Look on Social Media

社交媒体假象

[美]杰茜卡·艾宝(Jessica Abo)/ 著

阎蕙群 / 译

图书在版编目（CIP）数据

社交媒体假象 / (美) 杰茜卡·艾宝 (Jessica Abo)著；阎蕙群译. -- 北京：华夏出版社有限公司,2022.6

书名原文: Unfiltered：How To Be as Happy as You Look on Social Media

ISBN 978-7-5222-0224-2

Ⅰ.①社… Ⅱ.①杰… ②阎… Ⅲ.①互联网络-传播媒介-研究 Ⅳ.①G206.2

中国版本图书馆CIP数据核字(2021)第265558号

Copyright©2018 by Jessica Abo
through Andrew Nurnberg Associates International Limited

版权所有，翻印必究。
北京市版权局著作权登记号：图字01-2021-6356号

社交媒体假象

作　　者	[美]杰茜卡·艾宝	
译　　者	阎蕙群	
责任编辑	陈　迪	
出版发行	华夏出版社有限公司	
经　　销	新华书店	
印　　刷	三河市万龙印装有限公司	
装　　订	三河市万龙印装有限公司	
版　　次	2022年6月北京第1版　2022年6月北京第1次印刷	
开　　本	710×1000　1/16开	
印　　张	18.5	
字　　数	230千字	
定　　价	69.00元	

华夏出版社有限公司
网址：www.hxph.com.cn 地址：北京市东直门外香河园北里4号 邮编：100028
若发现本版图书有印装质量问题，请与我社营销中心联系调换。
电话：（010）64663331（转）

目录
Contents

推荐序 / 1
作者序 / 4
本书概要 / 9
免责声明 / 11

Part 1　社交媒体让你焦虑了吗？

第一章　科技也有心机 / 3
大脑与社交媒体的联结 / 5
根本没必要每 5 分钟就滑一下手机 / 7
戒掉不停查看手机的 4 个方法 / 9
我们干吗那么在意别人？ / 10
为什么我们只想晒出"华丽版"的自己？ / 11
让人成瘾的社交媒体 / 12
为什么你就是忍不住想看社交媒体？ / 12

第二章　对症下药才能解决问题 / 15
上班让你不开心？ / 16
关系断舍离 / 17
试着按下暂停键 / 20
"为什么是我？" / 20
谁不曾在人生中摔跤？ / 25
当你真的准备好时，你就能心想事成 / 26

第三章　生活的姿态由你决定 / 29
快乐是种选择 / 30
奋力摆脱困境并不可耻 / 36
实用的人生格言 / 36
你的情绪，身体最知道 / 40
有情绪一点也不糟 / 42

Part 2　迷途是人生的善意提醒

第四章　路不转人转 / 47
改变就从此刻开始 / 48
支持让我们更敢于前进 / 50
善用"支援"避开误区 / 51
好人缘是一种财富 / 53
经营"人心"，不经营"人脉" / 53
给学生的建议 / 56

　　　　给导师的建议 / 59
　　　　请教从身边做起 / 60

第五章　错误从来不是白走的路 / 65
　　　　修补失误的能力是关键 / 66
　　　　下一步比上一秒更重要 / 69
　　　　随时重新自我定位 / 71
　　　　选择对的路，更需要勇气 / 73

第六章　塞翁失马，焉知非福 / 79
　　　　把被拒绝化为韧性 / 80
　　　　用"正确"的角度检视自己 / 85
　　　　按照自己的步调持续前进 / 88

Part 3　拒绝霸凌，掌握你人生的主动权

第七章　向霸凌者讨公道 / 93
　　　　你被霸凌了吗？/ 94
　　　　永远相信"自己"的价值 / 98
　　　　没有人是局外人 / 99
　　　　"冷漠""无视"都是帮凶 / 101

第八章　捍卫自己的职场权益 / 107
　　　　了解你的权利 / 108
　　　　如何举报职场上的霸凌与骚扰行为 / 111
　　　　遇到烂主管该怎么办？/ 113
　　　　坏心眼的自大狂 / 114
　　　　无能的主管 / 116
　　　　好斗的主管 / 118
　　　　贪财的主管 / 120
　　　　虚情假意地与下属称兄道弟的主管 / 122
　　　　管太多的主管 / 123
　　　　言行失当的主管 / 125
　　　　集各种缺点于一身的主管 / 126

Part 4　让科技成为你打造个人品牌的利器

第九章　开启你的斜杠人生 / 133
　　　　从零开始创业　　134
　　　　如何运用资源创业　　137

　　　　女性专属的众筹平台 / 139
　　　　妥善处理财务规划 / 141
　　　　创业四阶段 / 146
　　　　如何触及正确的目标客户群体 / 151
　　　　品牌与网红合作的要诀 / 153
　　　　营销策略要讲求成本效益 / 153
　　　　助你创业成功的法律意见 / 157
　　　　找到你的法律专家团队 / 158

第十章　如何成为一个好的领导 / 161
　　　　先了解自我偏见，才能全面 / 163
　　　　如何评测有没有性别偏见 / 166
　　　　待人和善 ≠ 软弱 / 166
　　　　打造美好的办公室文化 / 172
　　　　双赢的优雅退场 / 175

第十一章　拳拳到肉，精准营销 / 179
　　　　让品牌自主奏效 / 182
　　　　懂自己、懂客户，才能提供好产品 / 184

Part 5　不畏孤独的勇气

第十二章　谁都是我们生命中的过客 / 189
　　　　当友谊成为"友移" / 190
　　　　不一样，又怎样 / 192
　　　　我们各有际遇 / 193
　　　　不要害怕错过而勉强拥有 / 195
　　　　失去的都是人生 / 197

第十三章　单身也不可怕 / 201
　　　　先成为对的人 / 202
　　　　1加1是否能大于2？ / 203
　　　　给约会新手的小叮咛 / 204
　　　　关于网络交友的建议 / 207
　　　　我的约会奇谈 / 209
　　　　众人皆弱你独秀？ / 215
　　　　不想约会又何妨 / 216
　　　　单身绝非公害 / 216
　　　　给自己一次机会 / 218

第十四章　分手的艺术 / 221
　　　　分辨人生真伪 / 226

Part 6　不用滤镜，活出真正的自我

第十五章　危机就是转机 / 231
　　化悲痛为力量 / 232
　　化小爱为大爱 / 236
　　把伤痛转变为无限可能 / 237
　　施比受更有福 / 238

第十六章　社会因你而更美好 / 243
　　改变，从你我开始 / 244
　　发挥你的影响力 / 246

第十七章　做对的事，不需要原因 / 251
　　停止问，开始做 / 252
　　成功强化优势 / 254
　　不过度付出，是一种负责 / 255
　　采取行动实现你的理想 / 256
　　别小看众人齐力 / 258
　　筹办公益活动的 8 个步骤 / 261

第十八章　冲刺吧，这一生只有一次 / 273
　　可以休息，但不要停止前进 / 273
　　和自己立下真实人生契约 / 275

谢词 / 277

推荐序

管别人今天发了什么!

我是在飞机上写这篇推荐序的。我一结束纽约公寓的整理工作,便迫不及待地搭飞机赶去跟孩子们团聚,因为之后我就要开始拍摄一部剧名叫作《完美主义者》(The Perfectionists)的新戏。这部新戏的剧名跟本书有个共同点,两者都是在提醒我们:许多人为了要在人前展示自己的人生完美无缺,而让自己承受了难以承受的巨大压力。

这种压力之沉重,我可是再清楚不过了。小时候我因为多次搬家,经常沦为校园里的局外人,只能冷眼旁观各个小团体,希望能找到我的归属。20 岁的时候,我忙于认识自己,也想弄清楚我为什么跟自己的父母如此不同;为此我还展开了接纳自己之旅,而且这趟旅程直到今天都还未结束。

30 岁的时候,我的生活被工作、爱情以及当个妈妈——世间最棒的礼物——所填满。

40 岁的时候,我感谢上天让我身心健康,而且拥有自己想要的一切。在即将迈入 50 岁大关之际,我想告诉各位:这一路走来我爱过,也曾迷失过,我学到了宝贵的人生经验,并且茁壮成长。我何其有幸,拥有一份众多演员梦寐以求的事业,但我也必须老实告诉各位,这一路走来并不是一直都很顺遂。

在社交媒体上关注我的人,都知道我向来不会羞于在媒体上发出我的糗事,我这么做的目的,是希望大家不要因为自己不顺,而在看到别人过得很顺时眼红,其实天底下并不是只有你一个人那么倒霉。人生本就是不完美的,但那又有什么关系,我希望有更多的人愿意拥抱他们的真实人生。

真实的人生——而不是我们使用滤镜自拍后,发在社交媒体上的那些耀眼照片——才是可贵的。你的人生是你自己的真实经历,你应当以自己的故事为荣——管别人今天发了什么!这就是本书的作者杰茜卡想要传达给读者的信息,也是我如此喜爱这本书,并大力推荐它的原因。

回想我跟杰茜卡的第一次见面,是她为纽约的新闻台来采访我的手提包产品线;之后我们在纽约时装周第二次见面;第三次见面则是在《绯闻女孩》[1]的拍摄现场,她在剧中客串电视公司的记者。

直到她邀请我担任慈善活动的主持人,我们才开始有了比较深的交情。那是她为需要骨髓移植的人所筹办的一场公益活动。各位将会在本书中看到,杰茜卡对于那场骨髓配对晚会真的是尽心尽力,不但特地到片场探我的班,还帮我加入了骨髓捐赠者数据库。

我在多年前就认识的杰茜卡,跟各位即将在书中认识的是一样的人——坦然拥抱人生中的一切,因为她想要用一种真实无伪的方式过日子。在书的字里行间,杰茜卡传授了许多私房招数,教大家如何打破一成不变的呆板生活。如果你正为了工作不顺心而感到挫折,或是不知道该为哪个弱势群体发声,她都能帮你找到一条新的出路。不论你是最近刚离婚,还是正在热恋当中,或是努力想要忘掉上一段恋情,你都能够从她分享的有趣故事或个人反思中,找到符合你现况的案例来参考。

总之,这本书提醒了你我,逆境乃人生常事,所以作者想要帮助

1.*Gossip Girl*,由塞西莉·冯·齐格萨(Cecily von Ziegesar)所作同名流行小说改编而成的美国电视剧。

大家振作起来，不再空想虚度人生。各位在读了本书之后，将会拥有新的工具来帮助你有所作为，并决心为这个世界创造更多的爱与喜乐。我祝各位接下来的人生旅程一帆风顺并且心想事成。

奉上满满的爱给各位，请好好享用这本美妙的书！

——凯莉·拉瑟福德

Kelly Rutherford，已为人母的演员、社会活动人士、慈善家

作者序

让自己活得更加表里如一

我在撰写本书期间，只要有人问起我的职业，我都故意不提我的记者本业，而是直接告诉对方："我正在写一本讨论社交媒体假象的书。"因为我很爱看到对方露出"我懂！"的表情，并且点头如捣蒜的模样。

我早就想要写一本能引起读者共鸣的书，并在书中提供一些务实好用的方法。所以我很乐于回答对方接下来可能会提出的一连串疑问：

"你是怎样想到这个书名的？"

"你为什么会想要写这本书？"

老实说，这个念头在我心中已经盘踞好长一段时间：整整10年了！不过一开始的情况跟现在可是天差地别。我发现这本书不但自有其生命，而且跟我一样，在过去这10年间起了千变万化呢。

接下来就请听我细数这本书的整个演变过程吧。

2008—2014年：尽管我的职业是讲故事，我却没信心写一本书介绍我自己，所以我问一位有着传奇人生的朋友，能不能为他写一本传记。他说他不想被众人指指点点，不过要是我也把我的人生故事放进书里，那他就愿意跟我分享他的故事。

于是我们投注了6年的光阴在那本书上。我数度搭飞机去访问他，我的爸妈甚至为了配合我们某次的会面更改了他们的度假计划。

在费了那么大的一番功夫之后，他展开了一份新的事业，不想把他的私生活摊开在世人的眼前，所以他决定退出这个计划，而我也整整1年没再碰过我写下的数百页文稿。

2014—2015年：当我终于下定决心要整理那堆作品时，我的挚友珍妮弗·威尔科夫（Jennifer S. Wilkov）适时出现，并且成了指引我明路的"北极星"。我删除了那位传奇人物的所有篇幅，只留下我自己的故事并加以编辑整理。

威尔科夫建议我仔细思考写这本书的原因，以及我锁定的读者群。她还教了我宝贵的一课：为读者而写。她的建议我照单全收，并且花了一整年的时间写书。

与此同时，我参加了企业家传媒在纽约市举办的一场大会，并因此得知，他们除了发行《企业家》这份财经杂志之外，也出版书籍。当时我的YouTube频道也正式推出，我觉得如果能为有志创业的人写本书挺不错的。

稍后各位将会看到，我开办YouTube频道的过程非常辛苦，除了不停地花钱之外，我本身更是忙得不可开交。回顾我在开播后第一年所录制的视频，每个视频的主题都一样：这是我目前遇到的状况，给你做个参考，也希望能帮到你。而这个主题也延伸到了本书。我很幸运在那年有多位后辈愿意阅读我写的东西，并且给我提出许多建议。

2016年：在我努力重新打造这本书的同时，我遇到了今生的挚爱并且订下婚约，尽管我的生活算是比较公开的——因为我常跟人分享最新的电视新闻以及公益活动，不过我决定要好好守护这件事，所以当布莱特向我求婚时，我们决定不将喜讯发在社交媒体上。后来当人们问我为何没有公开分享此事时，我都是这样回答的："我很能体会单身者的心情，毕竟我自己曾经空窗了好长一段时间。所以我不希望那些还在寻觅良缘的朋友,在我的脸书上看到我的好消息时,会觉得心里很不是滋味。"

而我的真心话是:我不想让那些拼命想要脱单的朋友觉得难受。我本人当然很开心,也觉得自己很幸运,但这件事只有我跟布莱特知道就好;所以我们只跟挚友分享,不需要让全世界的人都知道(或是看到)我被一枚戒指给套牢了。

许多朋友能够体谅我的贴心之举,不过也有人说,看到别人的喜讯会带给他们希望,这两种观点我都认同。当时我正在撰写新的章节与导言给威尔科夫看,其中的内容包括我担任演讲者时漂亮的个人履历,以及另外一段看起来没那么亮眼的经历,但它如实地交代了我这一路走来的整个过程。

我一直要求自己把真实的自我展现在世人眼前,所以我在演讲和YouTube 的视频中,都会如实呈现真正的自己。当我在 2016 年成为《企业家》网站的撰稿人时,我瞬间有了一个更大的平台,来分享人们如何化危机为转机的故事。1 年后,《企业家》网络团队把我介绍给丛书部门的人,于是我提出了另一个版本的出书提案。

2017 年:布莱特跟我在 7 月完婚,8 月我就怀孕了。当时我们正打算从东岸搬到西岸,所以日子忙得不可开交。9 月,我把出书提案送交《企业家》出版部,并且准备搬离我在纽约的公寓,结束在东西两岸来回奔波的日子。

在前往洛杉矶的飞行途中,我跟老公说,我实在不喜欢我在提案中所写的书名,当时我提的书名是《做自己人生的首席执行官》(*Chief Empowerment Officer: How to Be the CEO of Your Life*)。不知是出于直觉还是怀孕期的激素在作祟,我脑中总有个声音拼命想要把我拉往一个新的方向。所以在我跟《企业家》出版部签约的时候,我满脑子仍在想着该取什么书名才好!

我觉得《做自己人生的首席执行官》这个书名不够贴切，我比较想用《人生真糟糕》(*Life Is Fuking Hard: How to Be as Happy as Your Social Media Feed Looks*) 当作书名，但是我也很担心爸妈回到老家，不敢把这本大刺刺写着"F"字眼的书晒给亲朋好友看。

接下来的 10 月和 11 月，我飞遍了东岸，进行我的巡回演说、主持活动，并且赶场跟许多亲友见面，希望能在飞回洛杉矶之前尽量见到最多的人。当时我很想跟每个人分享我已怀孕 20 周的喜讯，但是因为我跟老公还在焦急地等待检验报告，所以我只能忍住不说。因此每个见到我的人，看到的都只是一个非常开心的小胖妞。

在那趟东岸之旅的过程中，我会见的每个友人，几乎都有一肚子的苦水想要倾诉，尽管我也很想分享我的故事，但我却不能在检验结果确定之前就跟大家宣布喜讯。所以这些对话令我更加确信，书名应该叫作《人生真糟糕》。

我在纽约的时候，曾跟《企业家》媒体部的人数次见面，讨论我为《企业家》网站拍摄的视频，我告诉他们，我打算把这些视频放进这本书里。其实打从一开始，我就希望这本书是互动式的，除了借用其他人的故事，也将纳入我对创造内容的热爱。所以如果你输入各章内容的视频链接，就可观看访谈，借由视频内容了解更多他人的经验之谈。

在与编辑团队开会时，我曾询问是否有任何字眼需要避开，结果他们告诉我，人们对于跟首席执行官有关的文章及影片，多半没有兴趣、退避三舍，最好改用"创业家"或"创始人"。这个消息令我大吃一惊，因为我的整体想法就是围绕首席执行官而产生的，而且这本书的核心概念，就是努力成为你自己人生的首席执行官。

这下我们只好从头来过，我把我的想法化为文字，写了一篇很长的邮件给《企业家》的出版总监詹妮弗·多尔西（Jennifer Dorsey），以及营销暨业务总监凡妮莎·坎波丝（Vanessa Campos）。我告诉她们，我自创的服饰品牌推出了一件印有"#不用滤镜"（#Unfiltered）字样的T恤，因为我很爱这个想法：我认为我们没必要使用滤镜让自己变得更好看。

我详细地说明了我对这个书名的想法，以及我希望这本书能够达成什么目标，结果现在这个书名"雀屏中选"。虽然之后我们为了营销做了一些调整，不过这就是现在这个书名的由来。这个书名准确地传达出我希望各位在阅读本书时能够得到的讯息：你们一定能够采取一些行动，让自己活得更加表里如一——而不必刻意展现出完美无瑕的样子。

本书概要

我把这本书分成了六大部分,因为每位读者需要的东西可能不一样;虽然这本书无法满足所有人的全部需求(天底下没有一本书办得到),但至少能满足你在人生中某个阶段的需求,例如:

你跟你家的孩子可以用各取所需的方式一起阅读本书:你读你热爱的商业主题,他们则可以看看如何面对表白被拒绝的窘境,或是如何找到良师益友。

你拥有美满的婚姻但痛恨工作,或者你热爱工作,并衷心期盼有朝一日能寻获美满的姻缘。

你刚跟旧爱分手,正打算把所有心力投注在新的事业中,或是需要一些时间独自疗伤。

你遇上了一位很会欺负下属的老板,不知该如何是好。

你跟闺蜜出现嫌隙,不知还有谁可以相信。

你满怀痛苦,正在想方设法寻求解决之道。

你想更多地投入公益活动,或是累坏了想要休息一下。

不论你此刻正在经历什么样的状况,在阅读本书时你可能会发现,某几段话或某几页的内容深得你心,你想立刻用荧光笔画下重点,但是对于其他的内容你则完全提不起兴趣。

当然,也可能上述所有情况都与你不符,你只是想找本书打发长途飞行时的无聊时光(我也会这样)。但不管你的人生正处于什么状态,我都希望你能够在这本书里找到令你心有戚戚焉的内容。

我之所以会写这本书,是因为我们每个人都在为自己的人生努力打拼，而且我们在不同的阶段需要不同的事物。所以我特别在这本书中加入许多重点摘要——因为没有人想要在读完一大堆内容之后，却发现错过了对他们很有意义的真正的重点。

当你在阅读本书时，你会在某几章中遇到"问问你自己"，它们是一些你可以练习的习题，包括填空题或问答，要不要做这些练习由你决定，因为不会有人帮你打分，它们是为了让你在有需要时，能够借由与自己对话而找出实用的建议。如果那些练习能够对你有所助益，我会非常开心！即便你对它们不感兴趣，至少看一眼吧，说不定能让你想一想呢。

至于"我的故事"这部分，谈的是我人生中的高低起伏，希望各位读了之后会发现，原来天底下并不是只有你那么倒霉。如果你对做练习的兴趣更高，大可不看"我的故事"；但如果你愿意抽空读一读我的那些陈年往事，或许你会觉得我的境遇跟你相比，根本是小巫见大巫，或者令你觉得自己的处境其实没那么糟。虽然我并不希望各位拿你自己的人生境遇跟我的相比，不过我想你很可能已经跟你周遭——尤其是社交媒体上的人比过高下了。

就像成功并非按照某些顺序发生，本书的章节也是以方便各位随兴阅读的方式编排。如果你最近表白被拒，你不妨直接跳去看第五章及第六章。如果你的工作令你心力交瘁，你正打算把副业变成事业，请直接看第九章。如果你受够了莫名其妙的约会，并且需要开怀大笑，那我建议你直接读第十三章，看看我跟其他一些倒霉鬼的悲惨约会情节。总之，请各位随心所欲地阅读这本书吧。

我衷心期盼阅读这本书能让各位得到这些收获：确认人生是属于你自己的，大可不必摆出光鲜亮丽的假象给别人看——包括社交媒体与真实人生皆是如此。这本书并非要让那些令你感觉"低人一等"的家伙继续"耀武扬威"，而是教你如何重获你的力量，并且把你的努力、能量与快乐，投注到你自己的人生。

免责声明

虽然书中提到的所有故事都是真的，不过为了保护当事人的隐私，所以相关的人名都做了更改。我并非提供医疗或健康咨询的专业人士，也不是持有证照的社会工作者或治疗师，所以我没有办法对你正在经历的每件事做出指导，因为我并不是你，而且我也没参与你的人生。我既不是法力无边的精灵，也没有能够预见未来的水晶球，所以我无法向你保证，当你读完这本书之后，你就会有能力解决所有的问题。我没有开设像优步或网飞之类的公司，所以我不会使用一些自己根本不懂的专业术语或行话。

但是我会诚实地跟各位分享我对许多议题的想法与意见。我会如实说出我曾经历过的事情，并分享是什么原因帮助我平安渡过每一个难关，希望这些经验之谈也能够帮助你更快地渡过你的难关。我还把我曾经访问过的卓越人士与专家们的故事放进书里，他们大方地分享了自己如何在计划频频出错的情况下力挽狂澜；你不仅可以读到他们的建议，而且可以从我的 YouTube 频道以及《企业家》网站上观看相关的视频。最后一点，除非我声明过，否则我并未向任何人收费，也未替书中提到的任何产品代言或背书。

有鉴于人们每天花在社交媒体上的时间极长，我想确定各位已经具备了能够在线上与线下好好过日子的工具。我写这本书是为了帮助各位对自己的现状以及拥有的一切感到快乐满意——即便你在社交媒体上看到的每个人似乎都过得比你好。我希望本书的内容能提醒你，坦然面对现阶段的人生。最后，我希望各位像我一样对本书爱不释手。

——杰茜卡·艾宝

社交媒体让你焦虑了吗?

Know Your Selfie

PART 1

　　有时我们明知那些精心打造的网上的形象，往往只是人们特意晒出来的"华丽版的自己"，但是为何我们仍无法克制"羡慕、嫉妒、恨"的情绪，甘心被社交媒体给唬得一愣一愣的呢?

　　当你对自己的人生心满意足时，你就不会因为羡慕别人而质疑自己的价值；正视你的负面情绪，找出让你活得不开心的根源，着手解决那些长期被你忽略的问题与挑战。

第一章 科技也有心机

> 结束一天漫长的工作后,你只想赶紧回到家,一边小酌一边追剧。你拿出一只酒杯,顺手打开朋友圈,随即看到你的朋友晒出她在夏威夷冲浪的照片,配文"超完美的一天!"。你瞬间想到自己那与超长工作时长不成正比的薪水。你关掉微信,登上招聘网站,心不甘情不愿地开始找工作……剧只好改天再追了,美味的白酒也没心情品尝了……#我糟糕的人生啊#

这样的情况或许也曾发生在你的身上:你一早神清气爽地起床,顺手拿起手机,因为你很好奇这世界上——或是你的世界里——发生了什么新鲜事;或许你只是迫不及待地想知道,你昨晚临睡前发的文章得到了多少个赞。说时迟那时快,你看到了以下的画面:

· 你的朋友全在某个派对里狂欢,唯独你没被邀请。

· 有人升官了,可惜那人不是你。

· 你的前男友订婚了。

· 你弟弟买房了,你却还窝在租来的小套房里。

· 你妹妹的孩子都会走路了,你的肚子还是一点动静也没有。

不管是上述哪种情况，你的好心情都在瞬间沉到谷底。

要是你从未经历过上述情况，那还真不寻常；你要么不是很满意现在的状况，要么就是完全没使用任何一种社交媒体。对大多数人来说，这种"人比人气死人"（compare and despair）的心情，是再熟悉不过了。

另外还有一种情境：你今天真倒霉，有可能是因为你跟伴侣大吵一架，或是你们团队里的某个人耽误了一个提案的重要时机——搞不好那个人就是你。

不过你并没有在你的动态中写下"今天过得糟透了"，反倒是替你买的牛油果面包、包包或是新车拍了一张照片，套用一个花哨的滤镜，然后写下：

"我爱我的人生。赞爆了#"。

你这么做是觉得没必要让别人知道你的生活有多糟。接下来，为了忘掉这不顺心的一天，你决定把剩下的时间都用来查看有多少人对你的朋友圈做出回应或留言——虽然你明明跟其中的大多数人都没交谈过，平常也不在意或甚至根本不认识对方；但你现在却像是紧盯着电视机等待选举投票结果的人一样，紧盯着自己的动态，压根儿没意识到时间过得飞快，一眨眼已是半夜，而且你还有一篮子的脏衣服要洗。

最后一种，也是我经常遇到的情境：你跟一位朋友共进午餐，他从头到尾都在埋怨自己的人生，从工作到恋爱的每件事都不顺心。你耐心地听着，偶尔甚至给点建议。在你尽责地当完朋友的垃圾桶后，你们各自打道回府，但两个小时后，朋友发了一篇文章，讲的全然不是那么回事，倒像是他生活里的每件事都称心如意极了。突然间，你开始埋怨自己为什么买不起名牌潮鞋、去不起酷炫的健身房、住不起漂亮的豪宅。你抱怨自己的人生差他一大截，但你明知事实根本不是这么回事！你们刚刚才一起喝咖啡并聊了一堆是非——整整两小时！那为什么你的脑袋分不清哪些是事实、哪些是虚构的？

我们明明是聪明能干的人类，却被社交媒体给唬得一愣一愣的。

说真的，这实在太愚蠢了。要是你觉得成年人还那么容易被骗未免太差劲，那么我更为孩子们感到难过！我曾访问过书中多位专家，从而得知人类大脑的控制器，也就是前额叶皮质区，竟然要到25岁或26岁才发育完全。要是连你这个成年人都会因为没受邀参加某人的婚礼或生日宴会而觉得不爽，更何况是小孩子呢？当他看到同学全都穿着时下最火的名牌衣服上学，唯独他没有时，他的心情肯定更加难受。

所以你究竟该怎么做，才能不那么在乎别人的一举一动，而好好地珍惜自己人生中的一切？你或许以为答案很简单：不要上网、避免下载任何会让你不开心或分心的应用程序就行了。但这未必一定能奏效。有些学校、公司或典礼场合，都要求不准使用手机，这是很值得称赞的；一些设计师也正在努力研发更多能帮我们监控手机使用情况的功能。不过这仍无法解释，为什么我们这些努力上学上班、负责持家以及养家糊口的人，一看到别人发在网络上的虚伪人生，都会莫名其妙地心生羡慕，嫉妒得抓狂。我们该如何解决这个问题呢？

就让我们从科学讲起吧！

大脑与社交媒体的联结

不论你是为了排解等待时的无聊心情而使用社交媒体，还是因为在派对上无人搭理而想要寻求归属感，社交媒体业已成为21世纪人类用来逃避日常生活的出口，而且每个人对外都想呈现出自己很有特色、人脉很广的形象。当你独自一人在家时，你是不是会在不知不觉的情况下,随手拿起手机滑它个"几秒",哪知一眨眼已经过了1小时?

当我们登上社交媒体时,我们就能跟他人产生有意义的联结。像是找到失联许久的儿时好友、疏于往来的亲戚,甚至能找到工作与寻得真爱,就连已经分手的前男友或高中时的暗恋对象,也都能找到。

▷ 孤独有害健康

2018年3月19日出版的《哈佛商业评论》中,有篇标题为《美国最孤独的工作者》的文章,作者指出:"研究显示,孤独对健康造成的危害及产生的医疗成本,等同于1天之内吸15根烟。"文章还强调,孤独的员工的表现通常略逊一筹,而且较有可能辞职。该篇文章的作者之一的肖恩·埃科尔(Shawn Achor)在他的著作及研究中指出,即便只是同伴的称赞或是与同事共进午餐之类的简单活动,都能够提供正面的社会支持,并改善一家企业的文化。

无独有偶,《纽约时报》也刊登过一篇报道:《英国任命孤独事务部长》(2018年1月17日)。撰文者锡兰·因苏(Ceylan Yeginsu)引述英国的跨党派组织"乔·考克斯孤独委员会"(Jo Cox Commissionon Loneliness)在2017年提出的报告:"英国有超过900万人经常或总是感到孤独。"我很高兴英国政府特别任命专职官员来处理这个议题,但是政府的研究发现:"英国有20万名年长者,超过1个月未曾跟朋友或亲戚说过话。"这样的情况真的令我很痛心。

社交媒体上的动态能让我们想起好友的生日,也能从朋友的发文中学到新事物;我们不必亲自参与,就可以"听到"朋友间的对话与辩论;只要点击一下,我们就可以推销商品或是捐款给公益团体;不论是罢工或是游行,我们都能在自家的厨房餐桌,跟全世界站在一起,为他们加油打气,壮大声势。

我们在社交媒体中的人际网也很适合分享内容,不论是慈善活动的细节，还是为想去希腊旅游的朋友介绍好玩的景点，我们都可以分享很多有用的信息。许多研究也显示，正在对抗病魔的人，能从社交媒体的支持慰问中受益。在你遇上不如意的事情时，要是朋友适时传来一些励志的人生小语，或是令人捧腹大笑的爆红视频，就能让你的坏情绪一扫而空。

根本没必要每5分钟就滑一下手机

尽管我们的生活的确需要有意义的联结，但许多人一心想要从社交媒体中寻求归属感，最后得到的却是肤浅的表面支持。不论我们得到多少个赞，或是有多少粉丝与订阅数，都不代表这些人真的会来参加我们的生日派对，或半夜时还陪在我们身边。获得快乐的方法之一，是把时间投注在那些真正对你不离不弃的朋友身上，他们会在你不如意时鼓励你，或是真的到你的身边安慰你。

我们都明白，其实根本没必要每5分钟就滑一下手机，况且就算我们没更新任何动态，我们的人生也不会就此停顿。所以社交媒体显然并非我们的痛点，而且一直挂在网上通常也无法解决问题。我每个星期都会听到各个年龄层的人抱怨："我再也不想上微信/微博了。"虽然有人宣称他们删掉了手机上的某个应用程序，但那通常只会维持1天，因为他们生怕错过了某些"要事"，最后终究会忍不住去查看；这就是令人闻之色变的"害怕错过任何消息"的毛病——错失恐惧症（Fear of Missing Out，简称FOMO）。

有一份名为《眼不见未必能净：限制使用移动设备，对低、中、重度使用者的焦虑程度之影响》的研究报告发现，当你拿走某人的手机时，他表示会感到焦虑，而且焦虑会一直持续到他拿回手机为止。其中一位研究者拉里·罗森（Larry Rosen），是加州州立大学多明格斯山分校的荣誉教授；罗森钻研科技心理学长达30多年。他在接受我的专访时指出，他跟同事曾在2016年做过一项研究，观察200多位学生的手机使用情况：学生们使用一款称为Instant的应用程序，该程序会统计他们每一天解锁手机的次数，并追踪解锁后会持续多久。

罗森指出："研究显示，学生平均每天会解锁56次，总计维持220分钟；那表示学生平均每15分钟解锁一次，并且持续不到4分钟。2017年，我们针对一批新的同性质的团体又做了一次研究，结果显示，学生每天会解锁50次，不过持续时间长了些，约5分钟又15秒，1天下来总计达到262分钟。学生们表示，盯着手机的时间变长，是因为在看社交媒体。"

不过罗森最感兴趣的是，学生们为什么会想要看社交媒体。学生说半数时间是因为收到通知，所以他们才会解锁，看看是谁又发了什么文章，或是回应一则新留言，又或者是看信息。

"另外一半的时间，学生其实并没有收到更新或通知，但他们却解锁了手机，这表示他们体内的皮质醇或肾上腺素在缓慢累积，这些正是产生焦虑的化学物质。你的大脑开始充满这些化学物质，并且告诉你：'有人可能发了东西，你最好看一下。'当它累积到一定程度时，人们就会采取行动，解锁查看手机。"

罗森指出，这种生怕错过任何"好戏"的情况，引发了许多健康问题。他在2012年针对此现象出版了一本著作《成瘾》（iDisorder: Understanding Our Obsession with Technology and Overcoming Its Hold on Us），他把这种紊乱定义为过度使用科技对心理造成的负面冲击，表现出来的状况包括压力过大、焦虑、抑郁症、强迫症。简言之，"害怕错过任何消息"的毛病，已然掌控了我们使用社交媒体的习惯。

这种现象是如何发生的呢？原本是为了让我们生活更加便利的

科技，是在何时成为压力与分心的来源的呢？

这种现象虽然是逐渐发生的，但发展速度却越来越快。罗森指出，在没有网络的时代，科技对人类生活的影响是以实体产品的形式出现的，像收音机、电话以及电视。当初收音机是在问世38年之后，才达到5 000万的使用人数。为了让各位了解当今科技渗透到世界的速度有多快，请各位猜猜看，日本游戏《精灵宝可梦》花了多长时间达到这个使用人数呢？

如果你猜的是1星期，恭喜你，答对了！

戒掉不停查看手机的4个方法

如果你认为自己跟数码产品"粘得太紧"——你走到哪，手机就跟到哪：吃早餐、上厕所、开会，甚至一路跟到床上——因此你想要重新调整你的大脑，罗森建议各位不妨尝试以下的方法：

- 方法1：把所有的社交媒体图标从首页移放到文件夹里，让你需要多花一点时间才能找到它们。
- 方法2：排一个查看手机的时间表，而不是想看就看。记得昭告众亲友你正在执行此戒断计划，免得他们因为发东西了没有立即获得你的赞而火冒三丈。
- 方法3：留意那些开在后台的应用程序，因为我们会不自觉地想要查看它们；如果你并没有排时间查看某个应用程序，你要确认它是关闭的，或是已经把这个应用程序放进文件夹里。
- 方法4：关闭所有的通知，没必要一有人发东西你就必须马上知道，应该让它等。

我们遵循这些原则看似有点愚蠢，因为我们明明是使用者，怎么看起来反倒像是被社交媒体控制了。但无论如何，罗森说采用这些方法是必要的，因为社交媒体引起的"社会比较"（social comparison）现象绝非危言耸听，它的确伤害到了许多人。

我们干吗那么在意别人？

如果某个跟你很亲近的人，过着人人称羡的完美生活，令你感觉自己矮他一截，这是能够理解的。但令人莫名其妙的是，很多人一看到别人上传的新文章就火冒三丈，其实双方根本不曾说过话！

为什么会这样呢？

罗森指出："社会比较理论认为，身为社会性动物的人类，会比较自己与其他动物的地位。我们忘了人们只会发出理想版的自己，再加上只报喜不报忧，因此多半不会呈现真实的人生。我们鲜少看到人们发出负面的消息，就连跟我们很有交情的熟人，我们也会把他们发在网络上的状况，当作是他们的真实人生。"

罗森举例说明，就像我们跟某人共进午餐，席间那人聊起他家里的事情，当中也有些不顺心之处。但1小时后当他发出令人艳羡的好消息时，我们仍会相信他的日子过得比较好，这种现象真的很莫名其妙！

人类的智慧之高，已经能制造出手机与宇宙飞船，为什么我们宁可相信人们发在社交媒体上的美丽假象，却无视此人曾亲口向我们坦承的他的事业走下坡路，或是夫妻关系濒临破裂？

积极心理学专家阿维瓦·戈尔茨坦（Aviva Goldstein，个人主页 www.avivagoldstein.com）把这种只把好的一面给人看的现象称为"选择性正向"（selectively positive），而我们对此行为的强烈反应，则与情绪有关。

为什么我们只想晒出"华丽版"的自己?

从事教育与家庭咨询工作的戈尔茨坦,曾进行多项项目研究计划。她认为人之所以会在网络上呈现出"选择性正向"版本的自己,并非刻意想要造假,而是受到文化规范的制约。

戈尔茨坦指出:"当你在街上遇到朋友,他随口问起你的近况时,你通常会作出正面的回应:'挺不赖的,一切都好。'但如果是遇到交情比较深的老朋友,我们通常就不会说这些场面话,而是会老实地吐苦水:'唉,被你看见我这副狼狈样……我已经重感冒好几天了,孩子们也被我传染了,最近工作也很不顺……'但我们平常跟人寒暄,多半只会挑好的事情讲,在社交媒体上也是如此。人们日复一日、每天不断上传到社交媒体的成千上万的图像,诉说的都只是人们日常生活中无关紧要的故事,而不是最真实的样貌。"

戈尔茨坦指出,有些人会事无巨细地分享他们做的每一件事。各位想必都看过网络上有这样的人,告诉大家他们早上几点起床,早餐吃了什么,他们坐在车上的哪个位子,晚餐吃了什么。而且这些朋友圈通常还会附上自拍照,让大家看到他们刚起床时的尊容,或是晚餐吃的比萨。他们认为这么做就能呈现自己最好的一面,同时也呈现出真实的一面。尽管我们都意识到,大家会刻意在网络上展现好的一面,但许多人还是会情不自禁地跟别人做比较;人一旦感情用事,理性、智力或认知就全都派不上用场。即便我们明知自己看到的只是一部分的故事,但是透过那些炫耀式的文字"亲眼见识"到别人的成功,我们还是免不了会产生嫉妒、羡慕或自怜自艾的情绪。

戈尔茨坦表示,最快速的解决方法,当然是屏蔽那些总是害你产生自我怀疑的朋友。"但这么做只能治标不能治本,想要根治爱比较的毛病,就要努力让自己达到更好的境界;当你对自己的人生心满意足时，你就不会因为羡慕别人的经验，而质疑你自己的价值。"

另外，戈尔茨坦也提醒，这种老是要跟社交媒体上的人一较高下的行为，对我们弊大于利；因为我们把别人的虚假人生信以为真，从而质疑自身的经历，这会对我们的健康造成严重的影响。

让人成瘾的社交媒体

科学家目前还不愿承认社交媒体是会成瘾的，但戈尔茨坦指出，我们已经明确知道典型的网络行为，跟其他的成瘾行为极为相像："社交媒体具有成瘾的特质，举例来说，神经传导物质多巴胺，是大脑中负责控制与调节记忆、心情、行为以及情绪的化学物质，当你刷新一个页面、看到一个赞或产生其他的反应时，大脑就会释放出多巴胺。有海洛因毒瘾的人，吸毒后大脑会亮起来的部位，就跟你在社交媒体上获得正面反馈时，大脑会亮起来的部位是一样的。"

尽管许多人是为了打发时间而上社交媒体，但它却剥夺了我们跟周围的真人相处、享受户外风光以及充分活在当下的机会。研究显示，上网除了会影响我们的心灵，还会影响我们的身体；所以当你的眼睛酸涩、视力减退，当你的拇指酸痛不已，或是你的背痛得要命时，你恐怕要减少上网的时间，并且尽快就医。

为什么你就是忍不住想看社交媒体？

戈尔茨坦指出，除了害怕错过任何信息（手机时不时就发出信息通知声），许多人更是因为离不开社交媒体并渴望获得社交媒体的认可而离不开他们的手机。

"社会认可对于青少年的发展至关重要，许多人甚至到成年以后仍相当重视社会认可。要成为社会的一分子就必须获得社会认可，而所谓的社会认可，是指学习符合社会规范的行为，学会如何待人处世，以及懂得区分细微的差别，能根据不同的情境做出适当的反应。例如跟朋友一起吃比萨时的行为，跟出席葬礼时的举止肯定是不同的。社交媒体通过点赞或表情符号，提供了获得认可的简单途径，尽管这种做法并非一无是处，但不能算是真正的认可，而且有可能扭曲了现实。我们以为与某人的往来是真正的友谊，但实际上我们只是分享了一些无关紧要的表面事物。你把某人视为密友，但其实他根本未曾见过你痛哭或是狂笑，也不知道什么事情会令你不知所措。所以我们才会搞不清楚什么是真正的友谊与支持。"

另外，戈尔茨坦也提到，过度依赖网络社交圈还会衍生其他问题，也就是所谓的"网络去抑制效应"（online disinhibition effect），它指的是网民会肆无忌惮地发出攻击性的伤人言论，而这些话他们平常是不敢当着某人的面说出来的，但是在网络上发表，就不会看到对方的痛苦表情。"这种行为通常会导致网络霸凌，并且会延伸到真实人生中。"（同样的道理，如果我们只跟对方通过屏幕往来，就看不见对方脸上绽放的微笑。）为了缩短你的上网时间，并重新跟周遭的真实世界联结，戈尔茨坦同样提供了以下几个有效的做法：

方法 1：每天一定要用手机直接打电话跟别人交谈至少两次。
方法 2：当你跟某人聚在一起的时候，特别留意一下对方的眼珠颜色，这样双方就会有眼神接触。
方法 3：规定禁用手机的时段（晚餐、睡觉前），或是禁用手机的区域（厨房、餐桌边、床上或浴室），并且严格遵守。

戈尔茨坦认为养成上述习惯是很重要的，因为它们能促使我们打破一成不变的惯例,并提醒我们要跟他人以及自己建立直接的联结。建议你下次登上社交媒体时,不妨尝试以下做法,好让自己能获得更有意义的体验:

方法 1:每天一定要发信息或留言跟三位朋友交流,光是"点赞"不算数。

方法 2:每天一定要对某人发的东西提供正面或赞赏的留言。

方法 3:一定要公开分享你遇到的某些挑战与挫折。

上述这些做法,不仅能让你不再把别人发的东西照单全收,而且能使你成为一名积极主动的社会参与者,并以潜移默化的方式,鼓励其他人与你展开"真人交流",而不只是在社交媒体上往来。

现在你已经学到了一些与人往来的诀窍,能够用来帮你获得更正面的网络体验,接下来我们就要探讨一下你的人生当中需要关注的其他领域。

第二章 对症下药才能解决问题

> 现在是周五的深夜,你仍在办公室里加班,替老板犯的错收拾善后——这一整月你几乎都在加班——你在走去打印机的途中顺便瞄了一下手机,看到了你哥的朋友圈:"正在飞往迈阿密度假的途中,有谁要一起来的?"你留言:"老哥,度假愉快!爱你喔!"但你心想,把自己的亲兄弟从好友中删除,会不会很过分? #感谢老天爷,总算挨到周末了。#

当你忙着做正事,或是跟心爱的人共处时,你根本不会有那个闲工夫去理会别人在社交媒体上晒出的光鲜美照,并且没时间抱怨自己的命不好。当你的生活顺心如意时,你即便听到长辈念叨"你都25岁了,还不赶快找个女朋友?",或是"你们都交往3年了,该订婚了吧?",你也不会被激怒,而是心想"关你屁事"。当你对自己拥有的一切充满感恩时,你就不太会被别人的闲言碎语搞得不开心。

不过说真的,当你看到别人步步高升,而你却还在原地踏步时,你会生气也是合情合理的,因为这本来就是人之常情。至于气自己的房子一直卖不出去，或是羡慕别人家儿女成群，而你家却只有宠物做伴，这也都情有可原。因为基本上，只要是真人就会有七情六欲，只有机器人才对周遭的世界无动于衷。承认你的真实感受，并明白那些感受因何而生，这样表示你是健康的。我当初撰写这本书的动机，就是想要探讨，各位该如何妥善处理不愉快的感受，来改善自己的处境。首先我想弄清楚究竟是什么事情令你心烦意乱，因此我要请各位找出你的痛点（painpoints）所在。因为你很清楚自己不至于因为看到你哥又要去度假，就真的跟他绝交，你很明白自己并非眼红他或他的假期——你只是讨厌你的工作。不过，你知道自己待错了地方，问题只解决了一半；弄清楚你真正想要过什么样的日子，找到一个能够达成你目标的新机会，并且好好掌握它，问题才算真正被解决。

本章将要把你的工作、人际关系，以及你对社会的贡献，放在显微镜下仔细检视，以便找出让你活得不开心的根源，并期盼你能尽快改掉一些显而易见的坏习惯，并着手解决那些长期被你忽略或你未曾察觉的挑战。

上班让你不开心？

我们之所以会选择某份工作并且持续做下去，往往牵涉许多因素。有时候我们是出于需要而接受某个工作机会，但有的时候，则是天降好运得到了一份真正想要的工作。我有个在人力资源部工作的朋友曾说过："无法每天兴高采烈地处理工作中的每件事，其实是很正常的，这就是为什么我们会说它是份工作，而非度假。"尽管这话言之有理，但如果你每天一想到要上班就头痛，那你必须问问自己：为什么会这样？问题是出在工作环境还是工作内容，抑或两者皆是？我们要花点时间，来找出让你对工作提不起劲的原因。请各位阅读表

2-1 的"工作评估表",认真思考后作答。

如果你的状况符合工作评估表的描述,你不妨直接跳到第四、五、六、七章以及第八章,了解如何找回你的快乐。你也可以试试手写日记的方法来理清自己混乱的思绪。如果手写日记对你没用,你可以制作音频日记或视频日记,你可以使用手机上的语音备忘录功能,把你的想法录下来,或是使用待办清单应用程序来帮你。

关系断舍离

其实你并不是真的对你哥要去迈阿密过周末而不爽,而是气他明知你刚跟男友分手(这次是真的了),他竟然还自顾自地度假去了。这下你要找谁听你诉苦?于是你突然慌了手脚,想说自己是不是做错了,你赶紧把手机放在身边,生怕前男友发信息来时你没看到。

任何经历过分手的人都明白,那真的很不好受。如果是你主动开口说要分手,你会因为伤害了对方而感到内疚;如果你是被甩的那一方,你可能会感到震惊与痛苦。

不论是浪漫的爱情,还是柏拉图式的精神恋爱,都会给我们的人生带来非常多的快乐,但是错误的恋情会伤害我们。有时候是我们主动对一段恋情失去兴趣,有时候则是对方一直在欺骗我们的感情。

如果你觉得是某段人际关系或恋情害你陷入困境,你就需要揪出罪魁祸首。把你认为害你不开心的人际关系或恋情,写在表2-2的"人际关系评估表"中。

如果你一直吸引到相同类型的恋人,那就请你花1秒钟时间问问自己:现在是什么情况?你究竟想要什么?如果你想要单身一阵子是可行的;你想要谈一段认真的恋爱也是可行的;你想要全心打拼学业或工作也都是可以的。不论你想怎样都行,因为只有你最懂你自己。

表 2-1　工作评估表

问问你自己：
- 我真的知道自己想做什么吗？
- 我会不会使用现代的科技来帮自己找到一份新工作？
- 我刚错过一份工作或一个升迁机会？
- 我刚被调遣或开除？
- 我很懊恼在学校里或工作上犯下的某个过错？
- 我想要上的那所学校拒绝了我？
- 我感觉自己念错系或选错专业了？
- 我遇到一个挫折，它让我无法达到我的目标？
- 我被困在一个让我无法继续成长的环境或工作中？
- 我遇到怪老板或坏同事了？
- 我在职场中觉得不自在或不安全？

接下来，请在空白处填上你的回答。
我希望我有勇气＿＿＿＿＿＿＿＿＿＿＿＿＿＿＿＿
＿＿＿＿＿＿＿＿＿＿＿＿＿＿＿＿＿＿＿＿＿＿＿
（辞职？大声替自己争取权益？寻求帮助？）
为了做到这件事，我必须＿＿＿＿＿＿＿＿＿＿＿
＿＿＿＿＿＿＿＿＿＿＿＿＿＿＿＿＿＿＿＿＿＿＿
（找人事、请教良师益友、更新个人履历）
此时此刻，我认为是什么事情让我不敢采取想做的行动
＿＿＿＿＿＿＿＿＿＿＿＿＿＿＿＿＿＿＿＿＿＿＿
（害怕被报复、失去工作、令家人失望）
要是＿＿＿＿＿＿＿＿＿＿＿＿＿＿＿＿＿＿＿＿
＿＿＿＿＿＿＿＿＿＿＿＿＿＿＿＿＿＿＿＿＿＿＿
（我已经有下一份工作／我不会被报复），我就敢做出必要的改变。

表 2-2　人际关系评估表

问问你自己：
- 我身边围绕着一群支持我达成目标的好朋友？
- 我是否很不容易在新环境（学校/职场/社群）交到朋友？
- 我很难兼顾家人、朋友以及工作？
- 我很难兼顾家人、朋友、工作以及恋情？
- 我是一群朋友当中唯一一个讨厌上班的？
- 我是一群朋友当中唯一一个有伴侣的？
- 我是一群朋友当中唯一一个还单身的？
- 我从未约会过？
- 我还忘不了前任恋人？
- 我对现在的恋爱对象感觉不好？
- 我忙于学业、工作或其他事务，以至于没时间约会？
- 我热衷于约会，却一再遇上烂桃花？

接下来，请在空白处填上你的回答。
当我_____时，我最开心。
（独处／跟一群好友在一起／跟家人在一起／跟恋人在一起）
我最重视的是跟_____的关系。
当我跟某人／某些人在一起的时候，我觉得_____。
当我跟一群好友在一起时，我觉得_____是很重要的。
当我在谈恋爱时，我觉得能够跟那个值得在一起的人分享我的_____
是很重要的。
当我在谈恋爱时，我觉得_____是很重要的。
当我跟家人、朋友或恋人聚会时，我会不好意思承认我_____。

试着按下暂停键

其实你哥之所以飞去迈阿密过周末,或许不单单是为了避寒,而是要去帮一位落难的朋友。我们每个人都拥有让别人的人生变得更美好的力量,而且不论对方是陌生人还是亲朋好友。每个人选择奉献爱心的方式不一样,提供的帮助亦可多可少。要是你觉得你的人生缺乏意义,或是今天的头条新闻让你觉得未来没有希望,其实你是可以做点什么的。如果你的私生活出了点状况,说不定你能从社区服务中找到力量。你可以通过表 2-3 "公益评估表"的帮助,找出你想为哪种公益活动尽一份力。

我们的人生中充斥着各种杂音,这些杂音有时候甚至盖过了我们自己的想法。我希望你做这些练习,把你忙碌的人生暂停一下,并且找出你的痛点所在。当我的人生坠入谷底时,这些练习让我领悟到,负面情绪其实是促使我们改变的最强的催化剂。

"为什么是我?"

虽然你已经找出你的痛点,但你希望有人能够理解与认同,你并非无病呻吟。以下的状况,说不定你我都经历过:

- 如果你陷入困境——那真的很辛苦。
- 如果你欠了一屁股债——那真的很辛苦。
- 如果你的人生正在展开一个新的篇章——那真的很辛苦。
- 如果你没有朋友——那真的很辛苦。
- 如果你遭到霸凌——那真的很辛苦。
- 如果你刚被某人或某件事给拒绝了——那真的很辛苦。
- 如果你正在筹备婚礼——那真的很辛苦。
- 如果你结婚了——那真的很辛苦。

表 2-3 公益评估表

问问你自己:

- 我认真思考过自己对什么事有热忱吗?
- 我知道自己的热情何在,却不知道如何踏出第一步?
- 我对某个公益活动有热情,但却面临了许多挑战,而且看不出有改变的迹象?
- 我已经无力再从事公益活动了?
- 我很难说服别人认同我的使命与愿景?
- 我参与的公益组织有个糟糕的领导体系?
- 我害怕成为众人瞩目的焦点?
- 我确信我没有任何东西可以提供给某个公益活动?
- 我不确定加入某个公益活动有什么意义?
- 我不知道如何筹办公益活动?

接下来,请在空白处填上你的回答。

有鉴于我对 _____ 的经验,会令我感到焦急、担心或伤心难过的议题是 _____ 。

就目前的环境与种种因素考量,我认为会让我感到焦急、担心或伤心难过的议题是 _____ 。

我之所以到现在都未曾积极参与公益活动的原因是 _____ 。

此刻我原本会做更多,但是因为 _____ ,

如果我 _____ ,我就会 _____ 。

- 如果你跟伴侣分居了——那真的很辛苦。
- 如果你离婚了——那真的很辛苦。
- 如果你正在搬家——那真的很辛苦。
- 如果你努力想要怀孕——那真的很辛苦。
- 如果你怀孕了——那真的很辛苦。
- 如果你流产了——那真的很辛苦。
- 如果你正在抚养小孩——那真的很辛苦。
- 如果你的孩子受伤了——那真的很辛苦。
- 如果你必须离开孩子去上班——那真的很辛苦。
- 如果你失业了——那真的很辛苦。
- 如果你刚被诊断出罹患了某种疾病——那真的很辛苦。
- 如果你正在对抗某种疾病——那真的很辛苦。
- 如果你是被照顾者——那真的很辛苦。
- 如果你失去了挚爱——那真的很辛苦。

对于各位决心好好处理你人生中的大小事情,以及决定阅读本书,并且开始为自己做些改变,我由衷地佩服。但如果你觉得你还有好多怨气,我建议你赶紧一吐为快。我是说正经的,把你胸中的怒气全部发泄出来吧。

你心仪的对象喜欢的是别人?好惨。你刚被开除?真的很倒霉。你正在跟你身上的病痛搏斗?把它们通通写下来吧。投诉部门是开放的,而且你有权放肆当个"烂客人"。

我想你的朋友和家人之前可能都听说过这些烂事,甚至还出手帮忙过,但此刻你可能还是需要彻底把残留的余毒排空。要是你每天都很想大声怒吼"为什么是我?"或"为什么不是我?"——那就趁现在把你的不满全部写下来。

真的，这可是你最后的机会，之后我们就得开始干活了。（如果此刻你还不需要投诉，那就跳过这一小节，等到事情真的很不如意，而且你必须探索你内心的小宇宙时，欢迎你随时回来算旧账。）请各位利用表 2-4 的"投诉表"，把你的不满全部写下来。

如果现在你已经弄清楚你的痛点何在，而且也向投诉部门投诉了，接下来我们就来聊聊如何摆脱困境。

表 2-4　投诉表

问问你自己：

人生真不公平，因为：

1. ＿＿＿＿＿＿＿＿＿令我很生气，因为：＿＿＿＿＿＿＿＿＿
2. ＿＿＿＿＿＿＿＿＿令我很嫉妒，因为：＿＿＿＿＿＿＿＿＿
3. 我真的受不了：＿＿＿＿＿＿＿＿＿＿＿＿＿＿＿＿＿＿＿
4. 我很难过自己无法：＿＿＿＿＿＿＿＿＿＿＿＿＿＿＿＿＿
5. 我还未忘怀：＿＿＿＿＿＿＿＿＿＿＿＿＿＿＿＿＿＿＿＿
6. 我不知道该如何处理：＿＿＿＿＿＿＿＿＿＿＿＿＿＿＿＿
7. 我很气自己，因为：＿＿＿＿＿＿＿＿＿＿＿＿＿＿＿＿＿
8. 我一想起＿＿＿＿＿＿＿＿就气得不行。
9. 如果一年后我可以拥有某样东西，我会想要：＿＿＿＿＿＿＿

> 我的故事：没错，这是你的人生

我真希望在我迈入 29 岁那年，有位智者提前警告我，在接下来的 5 年中，我每一年都会遇到不少"可歌可泣"的事情，精彩到足以拍一部话剧。但没想到更精彩的还在后头，我 34 岁那年遇到的事情多到都够拍一部连续剧了。

我在 34 岁那年遇到一波恐慌情绪，它毫无预警地袭来，各位在大学快毕业、失业或搬到一个新城市的时候，或许也曾有过相同的感受。当时我突然感觉自己好像一直在玩一个叫作"妈的，这就是我的人生？"的游戏。运气好的时候，我的人生是彩色的，让我忍不住想要捏一下自己，确定这不是梦：我居然要跟电视公司的大老板开会？在一千名嘉宾面前演讲？在某部电视剧集或电影中客串演出记者？

运气背的时候，我的人生是黑白的：升职的人不是我；那个跟我聊了 5 小时、我满心以为他肯定已经爱上我的家伙，居然人间蒸发了。还有各种难熬的场合：法定假日聚会、同学会、生日派对、新娘的告别单身派对、婚礼派对以及婚礼。出席这些场合对我来说简直是一大酷刑，看着满屋子谈笑风生的亲朋好友，我的内心却呐喊着："这就是我的人生吗？"当时我真的很想哭。

那是我第 34 个感恩节的心情写照，两个月后我就满 35 岁了。当我环视整个房间时，我发现只有我跟另外一个人还没结婚。我的表姐大声宣布，所有来宾请就座，晚餐即将开始；我面带微笑地听她致辞，她感谢我们所有人前来聚会。但我心里面却想着，从上一次感恩节到现在我所成就的每一件事，其中的精彩片段包括：经历了一场口腔癌虚惊；完善让说话及微笑都变得很困难的 8 个步骤；巡回演讲让我跑遍全美各地，而且进了联合国；推出我的 YouTube 频道；开了一家制作公司；上全国联播的脱口秀节目接受专访。

这一年来我明明有那么多值得骄傲的光荣事迹，但不知怎的，我却得拼命忍住不让泪水往下掉。吃完晚餐后，我跟着父母返回宾州老家，而且一连三天哭了个痛快。也就是在那个时候，我领悟到自己不能再忍下去了，我必须找到一条新的出路。

谁不曾在人生中摔跤？

我们其实很容易为了人生中的不如意猛钻牛角尖。比方说，你填好了你的投诉表，并打算从明天开始，在出门前先把它读一遍，但你可能今天一整天都一直处在负面的情绪中，那可不是件好事！我们之所以要弄清楚，究竟是什么事情令你烦心，这并不是为了要沉溺在负面情绪中——而是要想办法解决问题，然后继续向前迈进。

不过话又说回来，这事说来容易，做起来可不简单，因为满载着负面想法的列车已经蓄势待发，自怜自艾谁不会，但是遇到逆境仍能乐观以对，可就难多了。想要锻炼出钢铁般的意志，就像是跑一场心灵马拉松。如果你正在经历一段艰苦的时光，但你仍拼尽全力不被打倒，那我真的要为你用力鼓掌。

不知各位有没有注意到，一个负面的想法多快会变成一百万个？一开始你只是想着"我不敢相信我居然没能拿到那份工作"或"我不敢相信对方居然放我鸽子"，但接下来你就搭上了特快列车一路狂奔前往"负面城市"。你的脑袋瞬间充斥着自己孤独一人终老的画面，接下来你又立刻联想到，往后再也找不到工作了，不可能结婚了，付不起房租了，或是买不起房子了，你只好搬回老家跟爸妈一起住。有时候我们会对自己居然产生了这些荒谬的疯狂念头而哑然失笑，但有时候，我们会担心到失去笑容。幸好这种感觉不会一直存在。我回到纽约后，有天跟闺蜜一起吃晚餐，我问她感恩节过得如何，她回答说还好啦。接着换她问我感恩节过得如何，我老实跟她说我在家哭了3天，结果她说其实她也崩溃了。我告诉她，我已下定决心，从35岁以后，要开始用不同的方式经营我的人生，而且我真的做到了。

当你真的准备好时,你就能心想事成

在经历悲伤和挣扎的洗礼后,你将会得到让自己茁壮成长以及结婚成家的机会。我是在拜访一位住在康涅狄克州的朋友之后,才得以顺利离开"我的天哪,我过去这10年真的是一事无成,因为我既没结婚也没生小孩,根本拿不出什么东西可以秀给人家看"的"恐怖列车"。

在见到巴伯之前,我并不确定我们是否会迸出火花,抑或只是两个朋友重新联络上。说实话,我到现在也还不确定。不过这趟行程的确让我看到了,要是当初我选择早点嫁人,我的人生会是怎么个模样。

当巴伯带着我参观他家时,我心中突然想道:要是我早就成为这个家的女主人,我恐怕不会像现在这么喜欢它。当我们逐一参观每个房间,并且欣赏巴伯才华横溢的艺术作品时,我终于明白了:要是我过去这12年来,选择当一个家庭主妇而不是当一名职业妇女,我肯定会觉得自己被家庭绑住了而有志难伸。

某人曾经告诉我:你老是跟那些和你有点像的人约会。我原本一直搞不懂,为什么我老是会吸引那些嘴上说要定下来,但其实根本还没准备好要成家的家伙。但是当我站在巴伯家的后院观赏他的鲤鱼池时,我忽然明白了,其实我心里也有一小块是还没有准备好要成家的;而且在那之前,我根本不敢向任何人——尤其是我自己——坦承这件事。

从那一刻起,我约会时不再戴上"我一定要结婚生子,我要兼顾事业与家庭,当一个好太太兼好妈妈兼成功的女企业家"的眼镜找对象,而是以平常心约会。我开始透过"你是我的好伴侣,而且你已经准备好要成家了"的眼镜,来观察跟我约会的每个男子。

我在单身这段时间学到的一课就是,就算你遇见最帅、最酷、最棒、最聪明的男人，如果对方还没准备好要成家，那么在对方愿意采取进一步的行动之前，你们之间的关系终究只会在原地打转。所以你必须想清楚，跟你约会的这个人，他想要成家立业的时机是否与你一致。

当时我人生中的最大不满，是投诉表上的这个项目：我真的很受不了自己，一直想站在山顶上大叫："到底什么时候才轮到我结婚啊？"

那正是我对自己的工作与感情生活的心情写照，我怪自己没有熟读"结婚宝典"，也气自己没能进入四大电视网工作。可是等到我拜访巴伯后，我才明白我的"不满"根本不是负面的东西。

在那一刻，我明白我已经准备好经营一段认真的感情（即便为了那段感情我必须搬离纽约市也愿意），那是我头一次真正感觉到，我已经完全准备好了。而且随着时间的推移，我发现我没那么喜欢新闻编辑室的工作了，反倒是自己开公司会让我更充实、更有成就感。但我真的很难割舍我的电视梦，因为我人生的大半时间都奉献给它了。

所以请各位看看你的投诉表，并且问问你自己："我真的还想要这些东西吗？"

有时候，填写投诉表能促使我们从不同的角度认真思考，并帮助我们找出自己的某项优势、造成我们目前处境的真正原因。通常，我们在投诉表上列出来的内容，都是我们逼自己相信那是我们需要的东西，或是我们根本还未准备好要做的事情。但你的投诉表说不定会显示，你其实已经到达你想要去的地方了。

本章回顾

下面所列举的本章重点,能够帮助各位好好地消化我们在本章中讨论的问题:

- 你是否因为你的工作、人际关系或是忙于做公益而陷入困境?记住,当你觉得自己即将陷入困境或已经陷入困境时,你不妨填写一张投诉表,它能够帮助你倾听自己的心声,从而弄清楚你的人生究竟出了什么问题。
- 你能不能跟某个人聊聊你现在的感受与需求?你有察觉到是什么事情在阻碍你吗?记住,这个练习的目的,并不是要让你继续陷在困境里,而是要帮助你努力挣脱它。
- 你是那种充满负面想法的人吗?要陷入那样的情境是很容易的,所以你要努力保持正面思考,并且聚焦于那些能够令你感到快乐的事情上。

如果你不知道该怎么做,别担心。我将会在下一章跟各位分享重拾快乐的方法,那将是你用来扫除负面情绪的利器。

第三章　生活的姿态由你决定

> 朋友寄了一张宣传单给你,是这个周末举行的 5 公里健步走活动,并问你是否愿意去当志愿者。她不知道你这 3 天因为情绪低落而请假没去上班,但你怕她问东问西,所以你只是轻描淡写地说,你好像被传染流感了,所以正在自行居家隔离。#受够我的生活了#

过着一成不变的呆板的生活是很难受的,你或许已经注意到,你的睡眠及饮食习惯都改变了,情绪状态也不佳,对别人越来越没耐心。你对很多事都提不起劲来,也对人生中的每件事产生了质疑,更对自己做的每一个决定忐忑不安。你可能觉得生气、难过、受到挫折、焦虑、心情苦闷、愤愤不平,或是比平常更加内向。但往好的一面想,这些负面的感受其实可以帮你做出正面的改变。我们都知道,人类并非天生就会保持笑口常开;但是我曾辅导过的许多人,因为太过害怕自己会一辈子都过着一成不变的日子,于是"病急乱投医",想用快刀斩乱麻的方式解决问题,结果当然是徒劳无功。所以我希望通过本章,帮助各位找出是什么东西蚕食了你的快乐，这样你才能够想出正确的对策，并采取必要的措施来改善你的处境。

快乐是种选择

我明白各位很想赶快找到让自己快乐的答案，但这件事其实急不来，一步一个脚印地稳扎稳打，胜过一个基础不牢靠的伟大计划。不管你是因为家庭生活、工作状况、人际关系还是你的社交角色活得不开心，如果你真的有心想要摆脱旧习的桎梏、让自己"焕然一新"，那么关键在于彻底帮自己做一次体检，弄清楚你究竟为什么会情绪低落。各位不妨参考以下的做法：

接受你现在的处境。闭上眼睛，想想这种不愉快的感受，并在脑中想象，你张开双臂拥抱你的大脑。我知道这听起来怪怪的，但这么做或许能够帮助你更自在地活在当下，而且更贴近你的感受。你觉得愤怒、难过、嫉妒、受挫折、失望还是受伤？你必须先认清自己目前的处境，然后才能想出摆脱困境的方法。

如果你觉得孤单，不如试着拥抱空虚寂寞。因为在那空虚之中，有着能够让我们发现新天地的某样东西；千万不要为了让自己感觉不孤单，就随便找个人陪伴，或是用一堆工作填满这份空虚。相反地，你要试着从空虚寂寞中领悟出一番道理，好让你能化危机为转机。

练习正念。我自己通过开发一些克服逆境的工具，而学会了如何把走偏的日子拉回正轨。虽然不是每次都能轻松渡过难关，但是不管遇到哪种状况，因为我知道自己可以利用这些工具改变我的感受，所以就比较安心。想当初我人生头一回参加马拉松，我可是花了好几个月的时间做足准备，才能顺利跑完全程。同样的道理，我也是因为长期训练自己的心智，所以才能运用新的模式与行为来处理信息。我会认真检视自己为什么会做某些事情，并且评估做哪些事情是正确的，然后避开会阻碍我的不当做法。如果你也处于类似的处境，你必须为自己找到出路，而我的做法是找到我的中心。如果你很难把心静下来，不妨试着做一下引导冥想（网上可以找到好多视频参考）。你可以点击各式各样的视频，并找到适合你的主题（爱情、富足、复原力），以及你喜欢的指导老师的声音；如果你无法跟某种音乐或某个人产生联结，就再尝试一个新的应用程序或视频。

▷ 好用的手机冥想计时器应用程序

狄娜·卡普兰（Dina Kaplan）是 ThePath 的创办人，这是一家位于纽约市、专门推广冥想的新公司。她建议各位利用手机上的计时器功能来练习冥想："它很方便好用，你可以每天选做不同的冥想，并且设定要做多长时间。要是我手机上累积的冥想时间，能够兑换成航空公司的飞行里程数，那就更棒了！"她建议各位不妨试用以下这几款应用程序：

- Oak，这个应用程序由凯文·罗斯（Kevin Rose）开发，适合自行尝试的人。
- Insight Timer，此款应用程序提供引导冥想（guided meditation），在冥想结束时轻敲一只西藏颂钵，效果更好。
- Calm，这个应用程序能够帮你入睡（狄娜认为薰衣草田的故事相当有助于放松精神）！
- Imagine Clarity，这个应用程序提供由法国僧侣马修·理查德（Matthieu Richard）指导的冥想，他被誉为"世上最快乐的男人"。

打造更有活力的个人空间。你可以试着把家具做不同的配置，改变全家或是你个人房间的色彩搭配，或是买一张酷炫的海报或印刷品，让整个空间变得鲜明亮丽。你也可以列出印有人物、美景或宠物的照片，并把它们悬挂起来展示。你只要运用一些小巧思，就能改变住家或办公室的气氛。我在35岁生日的前一阵子，赫然发现我住的套房看起来很像一间冷冰冰的没啥人情味的办公室，于是我赶紧请我妈过来帮忙改变房间的配色，好让整个地方感觉温暖一些。我用白、金与蓝绿色，取代原本的黑、白、红色，结果我的房间变成了一间令人觉得心情很放松的Spa会馆。感谢我爸妈的大力支援，我顺利搞定套房改装工程。改变居住环境只是"改运"的一小步，我表弟艾瑞克还建议我买一棵发财树，以提升我的财气与金钱运。我发现宜家也有卖这些开运小物，有兴趣的朋友可以去逛逛寻个宝。

尝试新鲜事取代例行公事。你可以尝试新的咖啡馆、健身房，或是下班后的聚会场所。挥别一成不变的例行公事，会迫使你向不认识的人打招呼，认识新的自己，并且从你的邻居、通勤路途以及社区中找到新的趣味。你永远想不到这番"新气象"会带领你遇见什么人。

客观看待人事物。当年我姐怀孕时，只要我姐夫出差不在家，我就会飞到华盛顿跟她做伴，并且趁机狂看我最爱的卡通《冰雪奇缘》（到今天为止，我已经跟3个小外甥女看了好几百遍）。我最爱它的主题曲《让它走》（*Let It Go*）当中的一句歌词："保持一点距离就会让每件事看起来变得微不足道。"此话一点不假，当我们处在困境时，每个问题你都觉得棘手无比，每个挫折都让你万念俱灰。但是站在适当的距离之外，你反倒能够用正确的角度来看待事情，这就是所谓的"当局者迷，旁观者清"。你必须学会放下，别再一直钻牛角尖，学会试着不再为了过去的事情而忧愁烦恼，这样才能帮助自己摆脱困境。别当个会记恨的人，那其实对你没有任何好处。

但你也必须学会对某些人放手,并学会对某些事情说不。那是什么意思?我的意思是,不要因为别人想要见你,你就答应见对方。如果有人想要把你介绍给他的世交,希望你能帮他介绍工作、实习机会、室友、男朋友、女朋友或新朋友,不管对方想要你替他解决什么问题,你们最好先用邮件或电话联络,而不要立刻约见面。你这么做其实并不算失礼,因为此时此刻你必须尽量把时间用在自己身上,等到你觉得自己有余力时,自然就可以拨出较多的时间跟朋友见面并且帮助他们。试图摆脱困境所需耗费的心力,其实远远超过你的想象,所以你真的没有多余的时间和精力浪费在那些不请自来的人身上。像我就遇到过一个找我帮忙的人这么对我说:"我妈叫我一定要打电话给你,我是不懂为什么啦。"搞什么鬼?!你先把你的精力用来解决自己的问题,等到你有余力时再来帮助别人,而且要发挥效率。

暂时放下工作轻松一下。如果你需要从一成不变的生活中喘口气,不妨找时间跟你爱的人或宠物腻在一起。我的小外甥女就是我的最佳开心果,不论是通过视频见她还是见到她本人,她都能让我"一见就笑"。所以你一定要让自己的身边围绕着你爱的人以及爱你的人,因为人与人的相处能带给我们满满的力量。你也可以趁这个机会亲近大自然,或是重拾你最爱的健身习惯,像我就很爱健身或是做瑜伽,它们能让头脑清醒起来。

把正向的事物或心态传出去。如果你非常想要与人交往,不妨参与一个你可以有所贡献的公益活动,因为这样一来,你不仅能疗伤止痛(不论是情伤还是失业造成的),而且能重新认识自己是个什么样的人。尽量多跟那些懂得欣赏你的人共处,这样才不会虚耗你的时间与才华。非营利组织需要许多志同道合的人来筹办活动、募款,以及支持他们要帮助的对象。你的天赋才能可以帮助其他人,而发挥这些才能也会帮助到你自己。从事公益活动不仅能让你因助人而获得快乐，而且有机会认识新的朋友，他们也可能成为你的人生导师、朋友或事业人脉，如果你想知道志愿者活动的相关信息，请参考第十五、十六及十七章。

游历世界。不论是开车到别的城市看看，或是搭火车游览你一直想要去的邻近地区，或是搭飞机到一个你从未去过的地方，旅游都能产生不可思议的疗愈效果。我真心信奉"随遇而安，处处即吾家"，所以你不要期待一抵达某个地方就会脱胎换骨，但是你肯定能呼吸到新鲜的空气，吃到美味的食物，学到新奇的事物，所以你就好好花点时间安顿你的身心吧。

提升正能量。如果你觉得心中充满负能量，那你就要努力引进更多的正能量。你要设法跟心中的负能量"保持距离以求安全"。找一些能够鼓舞士气的人生格言，把它们写在一张小卡片上，然后放进你的钱包里，或是把它们悬挂在你随处可见的地方。总之，就是让它们随时提醒你，而且在你需要的时候马上就可以取到。或是请教你的家人、朋友以及同事，说说他们最爱的励志名言。这时候社交媒体也能派上用场，留意那些经常发励志文章的阳光男女，好让更多的正能量或正面思考出现在你的动态里。

▷ 即刻救你脱离苦海的应用程序

汉娜·卢卡斯（Hannah Lucas）在 15 岁的时候被诊断出罹患了"姿势性直立性心动过速综合征"（postural or thostatic tachycardia syndrome，又名直立不耐症），这个毛病害她时不时就会突然昏倒。汉娜表示："不管身在何处，我都会突然昏倒在地，而且几乎每一堂课都会在走廊上就突然腿软昏倒。"她说："我成了全班讨厌的人，那真的很痛苦。"

汉娜说她的恐惧很快就演变成焦虑与重度抑郁："我在学校里整天担心害怕，因为有个男同学不断找我麻烦，他甚至威胁我下次再昏倒时，他会趁机占我便宜。"那段时间，汉娜常常一个人待在房间里，难过到甚至想要自杀："那时候我常想，要是有个求救按钮，只要一按下去，立刻就有人知道我不好了，那该有多好！"

汉娜的弟弟查理，当时才 11 岁，决定挺身帮助姐姐。他们两人开始在网络上搜寻，想要找到能够帮助抑郁青少年的应用程序，结果一无所获。于是热爱研究科技的查理，花了几个月的时间进行研发。如今他们自行开发的应用程序已经上架，并且帮助了世界各地的人。

查理说："使用者打开这个应用程序，轻触红色按钮，就会发送出写着'嗨，我现在很难过，请你打电话 / 发信息给我，或是过来看看我。'的信息，给最多 5 个事先选定的联系对象，而且会直接联结到求救者的定位。"

这对姐弟表示，他们希望那些因为抑郁、寂寞、焦虑、压力而受苦的人，或是想要自杀的人，只要轻触按钮，就可以立刻获得帮助。这个好用的应用程序有 iOS 版和安卓版，售价只需 1.99 美元。

请开始把你写在纸上的那些励志格言，落实到你的日常生活中吧，并留意在实践的过程中，你心里产生了什么样的感受。我自己在做这个练习时，曾经选了几则让我特别有感悟的"标语"，贴在墙上随时提醒自己，其中一则是这么说的："你视为理所当然的那些事物，其实是某些人拼命祈求的。"另外一则则指出："我要对那些在我人生中已不再具有任何意义的人或事物放手。"我的意思是，我不会再试图讨好那些令我产生罪恶感的人，也不会再为了拓展业务去参加每一个联谊活动，更不会为了遇见我的真命天子而去赴每一个约。

除此之外，我会开始清理早该丢掉的衣服、文件及杂物，它们已经在我家里闲置太久了。还有一则标语写道："宁当喷泉，毋为阴沟。"我用它来提醒自己远离那些会浪费我精力的人，我特别选录了一些我个人很喜欢的生活格言，供大家参考。

奋力摆脱困境并不可耻

我曾在免责声明中提及,我并非专业医疗人员,所以我要先跟各位说清楚,在人生的道路上遇到一些困难阻碍,跟心情痛苦到想要自杀是截然不同的两回事。幸好社会上有很多机构或单位提供各种协助,各位千万要记住,你绝非孤立无援。还有,那些在社交媒体上拥有很多"朋友"或追踪者的人,未必敢向"朋友"诉苦或求助。当你陷入困境,或是觉得若有所失时,你千万不要闷在心里不说。

事实上,那些拥有很多"朋友"的人,或是被大家认为拥有一切的人生胜利者,其实反倒很需要身边的亲友嘘寒问暖。所以各位不要只对那些开口向你求助的人伸出援手,偶尔也要记得看看你的那些强者朋友过得好不好。请各位明白,你绝非孤军奋战,有事需要立即求援,你可以向你信任的人诉苦,或是求助救助机构。

实用的人生格言

我在撰写这一章时,曾向家人和朋友请教,询问他们最喜欢的名人名言、励志语录以及人生哲理,尤其是经常出现在社交媒体上的那些格言。以下就是他们跟我分享的一些名言:

- 每天都是新的一天。——我姐
- 我已经拥有我需要的一切。——肖恩·史柏林(Shaun Sperling)
- 我的耐心犹如一座深不见底的水井。——安德鲁·艾克斯(Andrew M. Akers)
- 别回头看,因为你又不是朝那个方向前进的。——杰妮·谢恩菲尔德(Jaynie Shainfeld)

- 一旦放大格局来看，这件事实在没啥大不了的。——玛尔西·法兰克·芬克（Marcy Frank Fink）
- 记住你为什么会在这里。——罗拉·盖勒（Laura Geller）
- 不用跟别人比。——阿曼达·法莉娜奇·冈萨雷斯（Amanda Farinacci Gonzalez）
- 当个好人就对了。——威利·莱维特（Wally Levitt）
- 没啥好怕的。——史蒂芬妮·贝尔斯基（Stephanie Belsky）
- 我在这世上是安全的。——玛尔西·克拉克（Marcy Clark）
- 享受你的旅程。——温蒂·费希尔（Wendy Fisher）
- 求进步、不必求完美。——蕾切尔·米尔德·吕伯康斯基（Rachel Milder Lubchansky）
- 你永远想不到你会遇见什么人。——艾伊·欧（Ay Oh）
- 如果你不爱自己，谁会爱你！——莉莎·迈耶罗维茨（Lisa Meyerowitz）
- 步步高升，越来越成功。——贝丝·加贝（Beth Gabay）
- 身在喜乐中，自有疗愈的一刻。——詹妮弗·梅妮尔（Jennifer Mynear）
- 无所畏惧，就能成就一切！——马克·休利特（Mark Hewlett）
- 价值观要用身教而非言教。——布莱特·谢恩菲尔德（Brett Shainfeld）
- 气质是用钱买不来的。——艾莉耶特·艾宝（Aliette Abo）
- 待人仁慈，因为你永远不知道紧闭的门后是怎么一回事。——马克·艾宝（Marc Abo）
- 当你仰望天花板上一千片完美的马赛克瓷砖时，可别紧盯着有裂痕的那一片。——马文·谢恩菲尔德（Mervyn Shainfeld）

- 好、更好、最好；千万别让它休息。直到你的好变得更好，而且你的更好变成最好为止。——葛莱妮丝·谢恩菲尔德（Glynis Shainfeld）引用了一个古老的谚语
- 人生是好是坏，就在你的一念之间。——布兰登·谢恩菲尔德（Brandon Shainfeld）
- 永远相信很快就会有好事发生。——黛博拉·谢恩菲尔德（Deborah Shainfeld）

正确的思维，会对你如何度过每一天，以及要把精力用在什么事情上，产生正面的影响。某些人可能会对能量管理嗤之以鼻，但有些人却很需要学会这个技巧。我希望我接下来要跟大家分享的这则人生故事，能够让你好好思考这所谓的"能量"究竟是指什么。

我的故事：有问题的是我，还是我的气场？

某天晚上我跟媒体及公关界的朋友有场联谊聚会，我就快迟到了，而且我并不确定自己是否真的想要参加。后来我一时兴起，决定还是去露个脸好了，等我抵达现场，被安排坐在一位名叫罗拉·里吉奥（Lara Riggio，个人主页 www.larariggio.com）的女士隔壁。她人看起来蛮好相处的，她告诉我，她的工作是研究人的能量，并且跟我分享了一些她个人的故事，甚至还聊到了她跟她先生是如何认识的。

虽然我自认是个心胸开阔的人，即使听到不熟悉的事也不会大惊小怪，但一开始的时候，我觉得罗拉做的事听起来有点不合常理。但是随着罗拉聊起她客户的更多细节时，我告诉她，我觉得我似乎有

个脉轮（chakra[1]）不通，因为我对于男女约会的感觉相当迟钝，我总是感受不到大多数人都以为我能感受到的事情：

- 我并不讨厌男人。
- 我并未放弃约会。
- 我有抽出时间约会。
- 我并非工作至上的人（但要同时兼顾事业与感情真的很难）。

于是她问了我一连串的问题，然后告诉我："通常我遇到还未结婚的单身女性时，我会从她们身上感受到，虽然她们口口声声说自己不挑对象，但事实并非如此。其实她们有别的问题还未解决，所以我们必须先解决那些问题，但奇怪的是，我从你身上并没有获得那样的感受。"

我这人一向喜欢追根究底、找出每件事背后的"为什么"，所以我很想知道，为什么我觉得自己好像在对抗整个世界，难道是我身上有某种我自己不知道的气场吗？我现在也不确定了。

后来罗拉用邮件跟我联络，要我去参加她的一堂课，这样我就会比较清楚她究竟在做什么。等我赴约后，我才知道罗拉是在帮助人们，找出他们身上或是人生中阻塞不通的能量，然后加以解决。

来找罗拉的人，多半想要克服身体上某种特定的病痛，或是情绪上的纷扰烦乱，例如腰酸背痛、肩颈酸痛、失眠、害怕未知事物、心碎、心情低落、烂桃花、体重减轻、想赚钱、想恋爱、摆脱困境，也有人想要找出他们的潜能。当某人因为悲伤、生气、焦虑、害怕、

---

[1]. chakra 在梵文中的意义是"轮"字。印度瑜伽认为，人体有 7 个能源中心，且都以旋转轮状出现，从脊柱的底部到头顶，贯穿身体垂直排列。脉轮在身体中接收和传递能量，每个都负责特定的物理区域，控制了人的情绪和活动，也就是整个身体的机制。

嫉妒、抑郁来向罗拉求助时，罗拉会帮他们找出那些负面感受的根源，是因为幼年时期的某个创伤引起的，还是一段藕断丝连的感情，抑或是今天看到的骇人听闻的头条新闻？

当我结束当天的约诊时，我学到了一些新方法，来面对我自身的痛点，而且我们还聊了很多关于如何解决无趣生活的话题。我请教罗拉对于本章的看法，询问我们能否帮助读者把痛点变成新的可能。

接下来我会跟大家分享罗拉她个人研究能量的一些私房心得，各位可以参考她的心得，学习如何运用自身的能量，来克服你人生中的负面事物。

或许你并不相信能量"这玩意"，这我是可以理解的。不过在你对这些概念不屑一顾之前，我还是想请你快速地瞄一下，说不定能够让你对你正试图想要改变的事情产生不同的想法，或是获得一些新的信息。

你的情绪，身体最知道

如果你不喜欢自己的外貌，或是你觉得你身体的某个地方被困住了，那是你的能量未达到最佳效果所致。罗拉是这么说的："你完全不知道是什么原因造成你身心失调、情绪不满，且害你无法发挥出最大的成效。"我们很多人一直被社会教导要"保持冷静、继续前进"，但是我们的身体已经被压力影响了，而那些压力可能来自身体、情绪或化学物质。如果同一时间有太多会引发压力的事务落到你身上，你的身体就会告诉你，它负荷不了，而且你会感觉疲倦、体重增加、疼痛、不适、失眠、焦虑、抑郁、受挫折或不快乐。

罗拉还指出，这种情况表示你的生活状态、人际关系或是心态，并不支持你想要追求的目标："你的所作所为无法让你获得最大的利益,你的生活方式与你的欲望不同步,因此你的身心想让你知道,你并非走在通往快乐的道路上。"

我们的身体时时刻刻都在对自己身处的环境做出反应,而我们的反应会决定我们的感受,以及旁人对我们的回应。当你心情很好时,你的行为肯定跟你心情不好时不一样,对吧?当你心情不好时,身体是会表现出来的,而且让你无法达到最佳状态。世界就像一面镜子,它会反映出你的感受;而且人们对你的反应与判断,会决定他们是否想要跟你约会,或是跟你做生意。你的下属会觉得你瞧不起他们,而决定另谋他职。但这并不是你的错,因为你根本不知道自己做错了什么。

我们受到压力时,尽管我们不自知,但其实我们都会表现出特定的情绪、话语、味道及声音,而我们的身体和大脑,会记住这些反应。这种现象有时候能够帮助我们在未来做出更好的反应,但有时候却会阻止我们做出最佳的表现。请看以下的例子:

- 如果你小时候被火"吻"过,你很快就会记住火炉是烫的,所以不可以触摸,这算是对你有益的教训。
- 如果你看到你母亲的婚姻不幸福,你虽然会认为男人是无法信赖的,却也会被已婚男子所吸引。
- 如果你一不开心,你爸就给你糖果或冰激凌哄你,那你可能会学到吃甜食能够让你的心情变好。但要是你用吃东西来安抚自己,小心你的心宽了但你的身体也跟着胖了!
- 如果你的家人为了追求更美好的生活而背井离乡,那么在异地讨生活的巨大变化与压力,很有可能会影响你的祖父母与父母,使他们把一些不合时宜的家规或情绪模式强加在你身上。

这些过时的想法可能会阻碍你过你想要的人生。罗拉认为，与其把身体或情绪的不顺视为灾难，倒不如把它视为一个提升自己的契机，她的方法是用不同的方式管理你的能量。"只要简单地改变你的思维与生活形态，就能够使你的心情变好，而且用更少的能量发挥更大的效能。我们要学会掌控自己的情绪、行动与能量，让它们跟自己的欲望同步，因为当我们聚焦了能量并且真正拥有它时，我们就可以过上自己喜爱的那种人生！"

有情绪一点也不糟

不要把你的情绪看成一件坏事，那只是你的身体在告诉你，你必须有所改变。想要改善你的能量以及你对压力的反应，第一步就是察觉到自己不快乐，而不是一味地否认并且压抑你的情绪。

"当你不开心的时候，你的身体会进入战斗、逃跑或静止不动的压力模式，也就是所谓的交感神经系统反应。它是一种原始的反应，其目的是保护你的人身安全，当你遇到危险时，你的身体就会准备要逃跑、战斗或是躲起来。虽然在现代生活中，你的压力大部分并非立即致命的，但你的身体还是会做出类似的反应。为了让你随时准备逃跑或战斗，你的压力反应会消耗你的免疫系统与消化系统的能量与资源，并释放压力激素，使得你的身体很难放松、睡觉、恢复与修复。"

第二步则是学习如何让自己冷静。罗拉指出："就跟练马拉松一样，你要训练你的身体冷静下来。失眠已成为现今社会的一大问题，因为人们不知道该如何放松；当压力无法通过运动释放时，压力会使你的肌肉紧张，进而造成肌肉疼痛，或是使得身体很难放松。"压力会减弱我们的思考能力与解决问题的能力。"当你感受到压力时，血液会快速地从脑部流向四肢，让你能够战斗或逃跑，所以你的认知能力会受到影响。你解决问题的能力以及发挥创意找出解决方案的能力，也会因压力而变差。"

罗拉打造了一个"一周能量重设方案"，来帮助你纾解压力、改善睡眠、提升工作效能，甚至改善你跟金钱、体重以及家人的关系，并且有能力移除对你无益的家庭阻碍。罗拉相信在未来的 10 年，这些练习会像瑜伽和冥想一样盛行——尽管它们乍看之下有点奇怪。

本章回顾

在本章中,我们探讨了如何拥抱你现有的一切,并且学习如何妥善运用我们的能量向前迈进。有些人可能会对本章的内容感觉有点不自在,但有些人觉得自己已经准备好,他们要用全新的自己来面对这个世界。我们就来看一下你的新感受:

- 读完本章后,你对自己有了什么样的认识?
- 你打算采取什么行动,来帮你改变一成不变的生活?
- 你从罗拉那里学到了什么?
- 你打算把哪句人生格言、励志小语或是正向行动,纳入你的日常生活中?

除了能让各位运用新工具来帮助你在困境中保持乐观的正面心态,我还将在下一章中告诉各位,当你感觉迷失方向、被拒绝或想要弥补错误时,你该怎么做。

PART 2

迷途是人生的善意提醒

Staying Positive

请允许自己生气难过，但不要沉溺在自怨自艾的情绪中。错误难以避免，重要的是勇于承担，并且及时补救；或是你领悟到自己极有可能选错了行业，此时也无须怨天尤人。

学会从正确的角度检视自己，这是一件很重要的事，只要按照你自己的步调做好你的事，花多长时间并不重要，重要的是这个坚持不懈的过程。

🔍 第四章 路不转人转

> 你带着疑惑的心情上班,想不通当初自己为什么会选择这份工作。爸妈问你最近过得好不好,你回复他们"好得很",还特意晒出一张办公室的无敌美照,所以没有人知道你其实非常不快乐。# 我爱我的工作 #

我在演讲中经常跟听众分享一则智慧语录:有时候你会发现自己不知身在何处,但有时候你却会在那里找到自己。

虽然我不知道这段话出自何人,但我很喜欢它所蕴含的意思:毫无头绪的另一端通常就是洞悉一切。不论是大企业还是私人客户,都是因为急需方向指引或是人生导航而找上我的(如同我在作者序中所提及的,之于我如同我人生中北极星般的角色——我的挚友威尔科夫)。我们每个人在人生当中,免不了会有需要旁人指点迷津的时候,这些睿智的人生导师,不仅会明确指出我们走错了路,而且会帮助我们走回正途并重整旗鼓。人生就像开车一样,有时候我们就是没有看到，其实还有条更好走更便捷的直行路线。

所以我将在这一章跟各位分享人生导师（mentor）的重要性，以及如何找到自己的人生导师，我们又该如何当别人的人生导师。我还要提醒各位，在找寻人生导师时绝对不可以做的事情（为了引起导师的注意而狂发邮件的人，我说的就是你们！）。我还会跟各位分享，我是如何辅导我的学生（mentees）的，他们有些是高中生或大学生，有些则是已经工作的社会人士，例如待会就要聊到的莎拉。

改变就从此刻开始

我的客户莎拉是一位在金融业工作的成功女性，她最近突然觉得自己似乎过度忙于工作，而忽略了工作以外的日常生活。当我们聊及她的工作时，她的感觉是：

- 想不起自己当初为什么会喜爱做目前这份工作。
- 忘了跟其他团队成员共同打拼的快乐。
- 觉得受到上司的限制。
- 不知道自己接下来想做什么。

至于私人生活方面，她的感觉则是：

- 想不起上次她做了哪件令自己感到自豪的事。
- 不知道闲暇时间该为哪种公益活动贡献一己之力。
- 不知道哪个非营利团体会想要她加入。
- 她觉得没时间去上最爱的健身课甚至睡觉。
- 没时间约会或旅行。

莎拉的烦恼其实跟我遇到的大多数人是一样的，不论是刚从大学毕业的新人，还是事业有成的企业首席执行官，甚至是即将退休的职场老人，全都有一样的心声：对于未来觉得很茫然。所以我要辅导莎拉，重新规划她的人生方向，而我请莎拉做的第一件事，就是把她心中的负面感受，设法变成想要追求的正面目标。

以工作来说，我要求她：

- 找出她可能会喜爱的工作。
- 找出她想要去的公司。
- 参加一些招聘会，了解是否有适合的职务与公司。
- 向朋友、家人以及人生导师寻求精神支持。
- 从座谈会、大型会议或产业活动等当地人际网络中寻找机会。

至于个人成就方面，我建议她：

- 找出她做了之后会感到自豪的事。
- 找出她想要帮忙的公益活动。
- 找出她能够提供的专业技能与个人才华。
- 下个月就去购买 5 节健身课程。
- 付订金给某个她想要参加的旅游行程。

对于约会，我则是建议她这么做：

- 阅读凯瑟琳·伍德沃德·托马斯 (Katherine Woodward Thomas) 所写的《七周遇见对的人》(*Calling In "The One": 7 Weeks to Attract the Love of Your Life*)。

- 参加纽约市的约会服务公司伙伴计划（Project Soulmate）。

莎拉有立刻执行上面提到的所有建议吗？当然没有！那么剧烈的变动她肯定吃不消！这种事是急不来的，千万不要妄想在一夕之间就能翻转每件不如意的事情，而是要先拟订一个能够逐步实践的务实计划。所以莎拉先从预订她向往的旅游行程开始，并且请家人和人生导师一起帮她认识自己。要是你身边也有可以给你真诚意见的亲友，就尝试上述练习。如果你不知道向亲友请教的邮件该怎么写，不妨参考以下范本：

亲爱的：
　　我目前正在考虑转行，还请了一位顾问陪我一起思考，下一步我该怎么走比较好。由于我在这个行业已经待了10年，我很想知道自己是否具备什么样的专长。我想请你帮我个忙，用5个词形容我这个人，并说明你为什么愿意把我当成好友。你的指教我将铭记在心。
　　有空再一起打网球喔！

达基

莎拉最后在公司里找到了一个新的职位，也决定以后要抽出更多时间充实自己，包括旅行、运动以及约会。当她重新找回生活乐趣以后，莎拉觉得自己活得更起劲了。

支持让我们更敢于前进

还有另外一个方法可以让你打拼出自己想要的人生，那就是找到志同道合的可靠朋友。我跟好友周佩佩是在联合国认识的，当我们第一眼见到对方时，彼此都认为对方是个很不好相处的人，现在想起这件事我都觉得很好笑。

当时佩佩在脸书的全球客户团队负责带领一个业务小组，而我正准备推出我的 YouTube 频道。我们约好一起吃午餐，结果席间相谈甚欢，一见如故。尽管我们从事不同行业，却非常支持彼此的目标，我们约好以后每3个月见一次面，互相激励对方努力达成工作与个人的目标。

在人生的每个里程碑与职业变动中，都能有对方相伴，我们真的很幸运。当我觉得事情不尽如人意时，我很高兴身边有个可靠的朋友可以诉苦。虽然家人和朋友的支持也很可贵，但是有个能在公事上互相扶持的好伙伴也是很棒的。我跟佩佩总是会互相提醒对方：花多长时间达到你的目标并不重要，重要的是你能够坚持下去，并且自我激励。当耐心不是你的强项时（我这人一向很没耐心），最好你的身边能有个人提醒你，莫忘初衷并且坚持下去。找到一个你能在他面前坦然展现自己，而且他也如此对待你的好友，真的很重要。

其实你会发现大多数人都乐于帮助你——你只需要开口，并且说明你需要什么样的帮助即可。如果你不知道该从何处着手，就先从找到人生导师开始吧。

善用"支援"避开误区

从前老一辈的人常说"兴趣不能当饭吃"，但现在不论你的兴趣是什么——食物、艺术、运动、医药、电影、科技、时尚、阅读、写作、摄影、烹饪、编码——全都可以当饭吃了。如果你不知道该怎么把兴趣变成赚钱的工具，人生导师通常可以帮你一起找出达成目标的途径。我想用我从眼科医生那里学到的一课,来说明人生导师的重要性(特别是在你不知如何是好之际)。

> **我的故事:人生导师助你避开盲点**

我正在眼科诊所接受一年一度的视力检查,医生吩咐我:"现在我们要做视野检查,把下巴靠在这里,看到闪光的时候就出个声。"闪光以不同的速度逐一出现,有时在下个闪光出现之前,会先有一个短暂的停顿,有时闪光会一个紧接着一个闪现。结束检查后,我问医生我"成功抓到"了几个闪光,医生回答:"你只漏了一个!不过这是正常的,每个人都会漏掉一个,因为每个人都会有一个盲点。"

什么!我们每个人都有个盲点?有谁早就知道此事?

我差不多就是在这个时候试图要找出我的个人职业定位(我是记者、励志演说家还是顾问?),所以几天后,我跟我的人生导师之一埃文·夏皮罗(Evan Shapiro)见面,他曾担任独立电影频道IFC的总裁,现在则是eShap.tv的制作人。我问他:"我有个盲点,我不知道该怎么跟别人说明我是靠什么为生的。要是哪天你必须向别人介绍我,你会怎么说呢?"

埃文搭地铁回到家以后,就把他的介绍词发邮件给我了,没想到我烦恼了一整年的难题,他居然只花了10分钟就解决了。这件事充分说明了人生导师的重要性,有时候我们会因为不明事物的阻挡,以至无法看清前方的情况,而这种时候就需要人生导师为我们指点迷津了。

好人缘是一种财富

埃文拥有旁观者清的才能，一下子就看出了我的状况。他能看到我看不到的地方，并且坦率地对我提出建议，人生导师就是这么棒。不论你是在职场、学校、家庭还是在网上找到你的人生导师，你都可以信赖他们的建议，并找到适合你的道路。我的人生导师对我帮助极大，有鉴于此，我非常认同大家在自己的人生里，都需要各自的"指南针"，好让我们在迷惘时得以找回属于自己的路。也许大家对于这样的观念不免有些陌生，以下我提供几点有关人生导师的方向供大家参考：

- 人生导师是人生旅途上的最佳向导。你的人生导师，不论是你的系主任、教练、学长、亲戚还是世交，他们都能在你的人生旅途中为你提供一套可靠的支援系统。
- 人生导师亦可私淑。并不是只有认识的人才能当你的人生导师，学习你景仰但无缘亲自受教的人的做法，也会很有帮助。像我在职业生涯中，曾多次需要旁人指引，这时我会认真观察前辈们是怎么做的；我也曾从我景仰但不认识的社会先进人士身上，获得经营我个人品牌的灵感；有时候我则会从座谈会中某个人的发言里，得到很多启发。有些人生导师你有缘见到本尊，但有些你则只能通过社交媒体追踪。当你有机会见到你景仰的人时，你一定要事先做足功课——准备好你的自我介绍、简历，必要的话，顺便附上你的工作或作品的链接。

经营"人心"，不经营"人脉"

某次我在新奥尔良演讲时，有个名叫班恩的青少年前来听讲座。

后来我开展全国巡回演讲时，再度遇见他，当时他在某个青年大会负责主持其中的一个研讨会。我对他的创意相当佩服，相信未来他不论从事哪一行，肯定都能出人头地。一年后，他联系上我，问我是否需要一位实习生，但是他住在洛杉矶而我住在纽约，所以我顶多只能通过电话与邮件联络，充当他的人生导师。

班恩跟我通过邮件联络了数月，有次他问我，如果他暑假飞来纽约，是否可以在我的 YouTube 频道打工。看到他如此锲而不舍，我实在很难拒绝。班恩的妈妈说她会替儿子在纽约租个房子，他一周有几天会去学校上课，其余时间就在我那里工作。班恩的例子证明了，持续与人保持联络，而且不轻易放弃，也是找到人生导师的一种方法。

如果你想请某个不认识的人当你的人生导师，那么你从一开始就要清楚地说明你跟对方联系的理由，以及你目前的人生状态，并强调对方为什么是担任你人生导师的最佳人选。接下来我要跟各位分享一个故事，这个故事讲述的是一位名叫盖比的女孩主动写信给我，成为我的学员的过程。

在盖比第一次跟我联络时，我压根没想过要搬到洛杉矶定居。当时我的朋友小潘，介绍我跟一位住在洛杉矶名叫布莱特的男子认识。不过当时我跟布莱特除了打过一通电话、发了几条信息之外，并不常联络。所以我在回信给盖比时，说明我的工作范围主要在纽约，不过我很乐意跟她通电话，而且将来要是有合适的机会，我会考虑雇用她。我们本来说好要打一通电话联络，但当时我的演讲行程很忙，再加上同时忙于纽约时装周的报道，所以我彻底忘了这件事，而盖比则是写了一封相当得体的电子邮件提及此事。

亲爱的杰茜卡：

嗨！我的名字叫作盖比，今年15岁，住在洛杉矶。我正想为自己找个人生导师,当我在网络上搜寻能够提供实习意见的专家学者时,我碰巧看到了关于你的报道。-你的创业才能与积极投入犹太人组织的表现,令我相当佩服与憧憬,因为这两件事正好是我人生的最爱。

我就读于本地一所只收女生的预备学校,过去两个暑假都在哥伦比亚大学研读创业与商业相关课程。你在多个不同领域有着卓越的工作表现,是我未来努力想要效仿的目标,而且我真的很钦佩你的成就。我跟我的家人平常就很积极参与犹太教会的活动,未来一整年将会更加积极地参与,并争取到华盛顿出席大会。有机会的话我也很想去SoulCycle健身工作室以及时装周看看。非常希望有机会与你聊聊,期盼收到你的回音。

谢谢你让我占用你这么多时间!

祝万事顺心!

盖比

请各位注意盖比有多么懂事,既体谅我在时装周的工作繁重,又懂得避免占用我太多的时间。把时间快进4个月,布莱特恰好有事来纽约,他的嫂子要他一定要来找我。于是我们终于见面了,并且一见钟情,所以我们开始在纽约跟洛杉矶两地间奔波约会。某次我到加州时,特别安排跟盖比一起喝了杯咖啡。

见到盖比本人后,她更让我印象深刻了,我答应在她大三时担任她的人生导师,并找出是否有什么项目适合她加入。

嗨,杰茜卡~

我希望你在纽约时装周玩得愉快。我看了所有的走秀,发现今年一如往常那么精彩。

我能想象你一定忙翻了,我早就听说过时装周有多累人。但我很想跟你说说话,不知道你这个周末或是下星期有空吗?要是能跟你见个面聊聊天,我会高兴到不行。

祝好!

盖比

如果你想写信给一位世交,请他当你的人生导师,你的措辞可以稍微轻松些,不必那么一板一眼的。你只需展现你的诚意与专业,并跟对方约好见面的时间即可。请参考以下范例:

亲爱的麦迪逊:

很高兴上回在西维亚阿姨与兰迪姨丈的结婚纪念派对上见到你。我目前刚开始小儿科住院医生的训练,而且正在找一位人生导师。我很佩服你所做的最先进的研究,也拜读了《加菲尔德快报》对你做的精彩报道。我知道我肯定能从你身上学到好多东西,不知你这个周末是否有空,希望我们能继续聊聊。

祝好!

阿莱西娅

给学生的建议

在你初步获得某人的首肯,同意担任你的人生导师后,记得向对方表达感谢之意,并告诉对方你从这次谈话中获得了什么感想。但是即便对方已经同意当你的人生导师,你也不要动不动就发邮件、打电话、发信息给对方,你必须尊重对方的时间,即便是家人也不宜失了分寸。

如果你写了封邮件给你的人生导师，而对方没有立即回复，你绝不可以从发件箱备份里，找出之前那封邮件，并且按下转发键再发一次给对方。除非事态十分紧急，否则绝不可以发给对方这种只在主题栏写下问句的邮件："主题：东尼，你有收到我的信息吗？谢啦。"

别以为你在句尾写上"谢啦"，就表示你有礼貌。像这样突兀的讯息会让人觉得你很不懂事：除了当你的人生导师之外，东尼自己还有很多事情要处理。所以在你按下发送键之前，务必三思而后行。以下是一些需要注意的重点，可以让你跟你的人生导师保持良好的关系：

当面拜见你的人生导师。当你们约好时间见面后，你预先想清楚你想从人生导师那里获得什么协助，你是想要获得指引还是仿效对方的工作表现？弄清楚你的期待，并且如实地向对方表达，以免在沟通上产生误会。

建立适当的师生关系。想要确立这一关系该如何运作。例如，当你需要导师的意见时，如何与对方联系？你的导师比较喜欢你通过电话视频还是邮件联络？对于紧急事件，导师能否接受你发信息求教？

预先做好计划。你要弄清楚对方愿意多久跟你见面一次，每次结束会面前，你务必约好下次的见面时间再离开。让这段师生之谊保持联络，是学生的责任。

进一步的请求。如果你们已经往来了一段时间，并且建立了不错的师生情谊，你或许会想要请对方为你的实习申请写推荐信，或是请对方当你应聘的工作的推荐人。人生导师就是人脉，你的人生导师说不定愿意替你介绍。

经常保持联系。导师与学生的关系有可能成为终生情谊，所以你应经常问候导师，随时关心与掌握导师的最新状况。当你听到导师在私事方面有好消息（例如孩子上大学了），或是看到他在工作上屡创新纪录时，你都要即时道贺。还有在导师生日或逢年过节时，你要记得写张贺卡问候。这些行为不仅能展现你是个礼数周到的人，而且当有个非常适合你的职务空缺时，能让你自己随时出现在导师的心上，对你是有百利而无一害的。

你也可以成为别人的导师。如果你有能够帮到导师的地方，一定要让他知道；我的学生们就帮了我很多忙，他们教我使用很多很棒的应用程序、线上工具，以及告诉我吸引年轻人群的方法。比方说，他们除了跟拍之外，还会做些关于受众的研究，以及讨论我的 YouTube 频道该做哪些专题。像艾莉教我如何制作电子报，诺拉教我如何关注他人的动态，杰米教我如何制作小视频，班恩则帮我把所有的图像跟网站重新改版。

我希望各位明白，导师与学生间是一种双向交流的关系，双方都必须有所付出，才可能获得美好的结果。

▷ 导师能为你拓展人脉

当你的人生导师帮你引荐给某个专业上的人脉时，你要把你跟对方后续的往来情况，及时告知你的导师。记住，当你的导师把你引荐给他的人脉之后，接下来要如何跟对方保持关系，那就是你的责任了，请看以下范例。

假设你的导师布兰登通过邮件，把你介绍给你想要工作的那家公司的首席执行官黛比，你发送邮件时记得要"回复所有人"。

首先你要感谢布兰登的引荐，接着表达你非常高兴能跟黛比认识，并向黛比介绍你自己以及你的兴趣，结尾时询问对方约见面的最佳方式。黛比可能会亲自回复并跟你约好见面的事宜，也可能把她的助理加入联络圈，不论是哪一种情况，你都要适当地跟进。

在你跟黛比见面后，一定要向布兰登报告见面的情况，并再次感谢他的引荐。你不该让布兰登从别人口中辗转得知你跟黛比即将见面或已经见过了，毕竟，是他为你开启了这扇大门。还有，你跟黛比见过面之后，记得寄张感谢卡给对方。

给导师的建议

你大学室友的儿子或是邻居的女儿，开口请你当他们的人生导师，而你也答应了，这真是一桩美事！如果这是你头一次当人生导师，请参考以下的建议：

一定要在专业的情境下见面。在行事历上明确标注你要给予指导的时间，实现你对学生的承诺。当你们见面时，你不要一直讲你自己的事。记住，你们见面是为了帮助学生成长，而不是帮你找到新的心理医生。

对于你自己说过的话你一定要做到。如果你说要帮对方引荐某人，最好尽快安排，免得拖太久忘记了。虽然学生知道你的行程很满，但是当你遇到突发状况时，你还是要尽快通知对方取消会面。一般情况下学生会过来见你，即便你有事也不要让对方白跑一趟，这样很不体贴。

让美好的师生情谊代代相传。每次我主办慈善晚会，我的人生导师罗拉都一定会来捧场，而且她就是在我主持的某场活动中认识她先生的。我真的非常感激罗拉这么支持我，所以当我担任杰米的导师时，我便效法罗拉的做法，大力支持杰米的活动。

杰米是个很棒的女孩，我很高兴有她在我的团队里帮忙。为了让她知道我有多以她为荣，我还曾推掉一份工作机会，在大风雪中开车去参加她的正式彩排。事后她不断地感谢我亲自到场观赏，其实能坐在台下看着她在台上发光发热，我才是骄傲到不行呢。

最后一点，让这份师生情谊生生不息。如果你很欣赏学生的表现，当他要开始进入职场时，你要尽可能助他一臂之力。他不仅会感激你，将来也可能把这份精神传承下去，有朝一日他也可能成为别人的人生导师，并用你带领他的方法来造福更多的人。

▷ **女性提携女性**

如果你想要支持年轻女性，可拜访 GenHERation 网站；它是由宾州大学沃顿商学院大学部的凯特琳·格拉索（Katlyn Grasso）创立的，她更因此获得该校校长颁发的"改善社区计划奖"（Inaugural President's Engagement Prize）；这个奖项会提供 15 万美元给即将毕业的大四学生，来开发能够改变世界的优秀计划。她带领的这家公司，迄今已帮助超过 10 万名的年轻女性。GenHERation 推出了企业参访日活动（GenHERation Discovery Days）："让高中女生与大学女生有机会拜访美国最具创新力的企业，并与该公司的女性主管见面会谈，把她们当作自己专业上的学习典范。"

请教从身边做起

不论你是想要当人生导师还是要找人生导师，如果你能把这套人生导师提携学生的文化纳入日常生活中，它的力量就会更强大，而方法之一就是向自己的家人、朋友和同事宣扬它的好处。比方说，如果你已为人父母，而你的同事或朋友正好从事你的孩子可能想要学习或有志从事的那种工作，你就可以帮你的孩子向对方请教。

不论是你自己的孩子，还是同事或朋友的孩子，能够让他们看到你们这些长辈的实际工作状况，其实是很棒的一件事。孩子不论是想要创办新的社团、委员会还是组织活动，家长都可以坐下来跟他们聊聊，了解他们打算怎么做。由于大多数孩子都必须配合同伴晒出他们的"完美人生"，所以家长协助孩子走上他们理想的人生道路是很重要的。

打造这种向人生导师请教的文化，能够帮助青年人培养各种兴趣。

如果你的学生不知道自己长大后想要做什么，那么你就要他们想想，从事什么活动能够让他们感到快乐，并且建议他们做些研究，找出学校或邻里能提供的活动来参与。

青少年可以通过参与社团运动、参加学校的戏剧表演，或是在某个委员会服务，来学习团队精神。并不是只有众人瞩目的球队主将、戏剧主角或是委员会主席，才能对社会做出贡献。球队需要经理，戏剧需要舞台工作人员，委员会需要各种成员。

你要鼓励孩子尽量尝试各种可能性，他们可以通过当家教、回馈社区或是当一名导师，来磨炼自己的能力。他们也可以加入学校的社团来学习不同的议题，以及学习如何规划一场活动。

除了学校提供的各种学习机会外，你可以建议孩子向平时参与的社区协会，或是宗教机构及非营利组织打听，是否开设有他们感兴趣的课程，或是提供相关的实习机会，说不定还能帮他们找到工作呢。

你还可以鼓励孩子们从事志愿者服务，说不定能让他们找到一份工作，或是找到其他值得学习的角色模范，从而更了解自己。他们不仅能够从帮助别人中获得成就感，还能看到自己的努力付出有了回报，这种为大我做出贡献的成就感，是你无法从社交媒体上得到的。

没错，青少年从社交媒体上看到自己没受邀参与某个大型派对，还是会很受伤，但是他们找到了自己的热情所在，并且追寻自己的梦想，这能够帮助他们认清自己的价值，即便别人看不见那又何妨。不论我们活到多大岁数，认清自己的价值，都是非常重要的一个人生课题。

最后，别忘了鼓励你的孩子，要他们养成认真做事的习惯，并好好维护自己的身心健康，因为没有好的体力，再好的梦想也难以实现。

▷ **学生社团热情投入历史改正运动**

当杰森·蒂尔福德（Jason Tilford）听到财政部前部长罗西·里奥斯（Rosie Rios）提倡的"教师改正历史活动"[1]时深受启发，并在他就读的高中，成立一个叫作"学生改正历史"的社团。社团成立的第一年，便从2位成员扩大为10位。如今这个社团的成员，会检查各小学、中学及高中，确定教室与走廊悬挂的女性历史人物跟男性一样多。

▷ **帮助年轻人把热爱的事变成能赚钱的事**

2014年，有3位电视台的主管聚在一起聊天：艾利克斯·博伊兰（Alex Boylan），他是位电视节目主持人，是个曾获艾美奖提名的制作人，他曾赢得《惊险大挑战》的胜利；波顿·罗伯兹（Burton Roberts），他是电视节目制作人，环游世界的旅游者，并曾参加《我要活下去》比赛；莉莎·轩尼诗（Lisa Hennessy），她是位曾获艾美奖提名的电视台主管，也曾协助打造Mark Burnett制作公司，她负责监管数百小时的电视联播。

他们都觉得自己何其幸运，能够从事梦寐以求的工作，所以他们决定帮助年轻人，希望他们也能找到通往梦想的工作的正确路径。那次的谈话促成了Dreamjobbing的成立，这个网站提供全球各地最酷的短期工作：到挪威当摄影师、担任TOMS的全球捐鞋代表、成为奥运会的接待人员、到泰国当野生动物志愿者、担任CBS的制作人，

1.Teachers Righting History，这个教育活动的目的，是希望全美各级学校改正过去长期忽视女性历史人物的现象。详情请参http://teachersrightinghistory.org。

以及其他各种工作。想要应聘的人必须拍摄一个 60 秒的视频，说明他自己为什么是这个工作的最佳人选。

许多被选中的应聘者，后来都在那家公司获得了一份全职工作，所以他们决定把 Dreamjobbing 扩大成一个平台，教导学生及年轻的专业人士，如何通过视频成功营销自己，让他们能够有更多优势争取到一个想要的工作。

时至今日，Dreamjobbing 已经帮助了数千人用他们的故事替他们自己实现梦想。Dreamjobbing 团队跟非营利组织、高中及大学合作，来帮助学生通过视频营销自己，让他们得到重要的实习或工作机会。如果你住在堪萨斯州，但你想要跟一位住在洛杉矶的娱乐方面的律师请教，就可通过该网站达成愿望。

俗话说得好，天无绝人之路。当我们看似找不到出路时，人生导师能够适时助我们一臂之力，找出我们究竟喜欢做什么。当我们的资料不够正确时，人生导师能够帮助我们排疑解难，并提出一个新的结论。在读完这一章之后，我想请各位问问自己：

- 谁是你最可靠的伙伴？
- 你想找谁当你的人生导师？
- 如果你必须换走一个新的方向，在你认识的人当中，有谁从事你所感兴趣的那个行业？
- 你能联络上那个人，请对方让你实习，或是让你在他身边实习一天吗？
- 你有什么技能可以派上用场？
- 如果你身边的人不知道你对什么事情有热忱，你要如何找到厉害的高手并请对方指导你？
- 你要如何成为一名称职的人生导师？
- 你如何为学生提供更好的支持？

各位已经从本章看到，人生导师能够在很多方面支持我们，尤其是在你遇到挫折或犯错时，他们能够为你指点迷津。在下一章中，我们将会讨论，当你遇到挫折或犯错时，你该如何应对。

第五章 错误从来不是白走的路

> 你一如往常地醒来，浑然忘了你已经失业的事实。这是你工作 15 年来，头一回在起床后无处可去。幸好今天是星期四，你找到过去你跟手足合影的老照片，发上去应该就可蒙混过关了，躺回床上继续睡回笼觉吧。
> ＃周四怀旧老照片 ＃美好的时光

工作上的错误有很多种，有些会让我们失去升职的机会，有些甚至会让我们被开除，但是还有一些错误则会让我们觉醒，领悟到自己根本是入错了行。以我自己为例，我便曾因为拼错一个人名，而痛失一个难得的进修机会，并且改变了我整个职业生涯。

我在读大学的时候便想到纽约第一新闻台工作，但好事多磨，我费了好一番工夫才得以达成心愿。话说在我上大三之前的那个暑假，在 NBC 的新闻杂志节目《换日线》（*Dateline*）实习，我遇到了一位曾经在纽约第一新闻台实习的人，所以我也想要通过这个项目申请实习。整个审核过程相当漫长，但我一路顺利过关。最后一关我必须交出长达 9 页的自我介绍，其中一个要求是要我写出我最满意的一次采访经验，因为我刚采访过知名的电视主持人乔恩·斯图尔特（Jon

Stewart），所以我便写了这段经历："当时 CBS 派出一组人员制作斯图亚特（Stuart）的人物简介，但他们找不到记者，于是便让我充当临时的外景制作人，并拍摄我访问他的画面。"没想到我居然把 Stewart 误拼成 Stuart，因而痛失到纽约第一新闻台实习的机会。各位是否也曾像我当时那么倒霉，明明把自我介绍看了几百次，却还是出了错？而且一堆人都帮我看过那篇自我介绍，结果竟然没有任何人发现那个错误？

尽管我懊恼不已，但最后还是打起精神在 NBC 位于芝加哥的 WMAQ 电台实习，并接受报道芝加哥马拉松大赛的训练。从那时候起，只要我知道有纽约第一新闻台的人会来，不管他是来记者大会上演讲，还是点评新闻短片，我都一定会到现场见习。

念完研究生之后，我前往佛蒙特州伯灵顿市，在与 CBS 合作的当地电视台工作；每隔一阵子，我就会把我的履历表连同一段自我介绍影片，寄给在纽约第一新闻台工作的朋友。我一共花了 6 年的时间，才终于进入纽约第一新闻台工作，总算是如愿以偿了。

拼错人名当然不是小事，但如何担下犯错的责任，则攸关你能否从挫折中恢复。在我们的职业生涯中，有可能遇到层出不穷的挫折，包括面试时出糗、采访时出错，或是重大策划案被枪毙，甚至是在老板面前犯错。所以在本章中，我们就要来聊聊这些错误，并探讨如何补救，让损害降至最低。首先我们来看看，因为准备不够充分使得面试表现不佳，或是像我一样在应聘时犯错，究竟该如何应对。

修补失误的能力是关键

不论你是因为毫无准备，还是出现意外状况，或是太过紧张以致脑中一片空白，面试失利都是很令人扼腕的。伊恩·萨维尔（Ian

Saville）曾经担任脸书的学习暨开发伙伴，负责员工的成长培训，培养共融的文化，并开发各种学习课程。如果你曾因为语无伦次而搞砸面试，那么伊恩会建议你针对面试常问的问题，准备好适当的答案，并且反复背诵练习，这样下次就能有较好的成绩。

"把长篇大论的回答拆解成几个重点，既能让你方便陈述，也不会让人家觉得你是在背答案。"伊恩说，"你可以用三四个重点，说明你能够为该职位创造价值，并且在整场面试中，反复提及这些主题。切忌夸下海口，说自己无所不能，这样反倒无法让面试官记住你有何过人之处。"

要是你真的很想要做这份工作，却没能在面试中表达出来，不妨通过感谢卡让面试官了解这一点。你可以在感谢卡中简短提及，补充你在面试中的表现，不过内容宁短毋长，而且措辞不要太生硬。记得要强调你具备从事这份工作的技能，或是把你在面试中搞砸的正确答案写出来。感谢卡的写作范例请参考表 5-1。

如果觉得感谢卡还不足以完全表达你的心意，你可以请对方再给你一次机会，哪怕只是一次短短的 5 分钟电话沟通都好——记得参考伊恩的建议。这次你千万别再搞砸了，记住上一回的教训，在通电话前先整理好你的思绪，事先找朋友或同事陪你模拟通话，而且别再提起这次的挫折。

在寄出应聘文件之前，你最好大声地把草稿逐字念一遍，确认没有错字或其他任何错误，并且再请亲友帮你确认一次。当你撰写重要的邮件时，收信人的那栏最好先空下来，等到一切准备就绪时再填上即可，这样可以避免因不小心误触发送键而发送出不当的邮件。

现在我们了解了面试出错时的补救方法，接下来我们就要探讨，在工作中出错时该如何亡羊补牢。

表 5-1　感谢卡写作范例

亲爱的摩根：

　　您好！

　　周二与您的会面十分愉快，我从这次的交谈中对贵公司有了更深一层的认识。当时您曾问我，过去是否曾延误过工作期限以及我是如何补救的。我忘了提起之前在 EB 制作公司服务时，曾经处理过一件标示错误的订单。当我打开下游厂商送来的货品时，我注意到里头标示着"L 号"的衬衫，其实是"M 号"，而所有标示着"M 号"的衬衫，其实是"S 号"。我立刻打电话询问厂商，原来是我方客户要求的尺寸缺货，他们竟然以现有的库存品混充顶替！

　　在这紧急时刻，我赶紧联络另一家厂商，而对方也同意替我赶工重制。我立刻打电话给客户，并向客户解释了厂商的整条生产线标示错误，但我已经找到另外一家厂商愿意接下这笔急单，而且我们公司愿意负担所有的赶工费用。客户对于无法如期收到商品虽然略感不悦，但很满意我已经把问题解决了，而不是把问题丢给他让他头痛。我希望这个例子能够向您说明，我在遇到错误时是如何亡羊补牢的。

　　我要再次感谢您让我拜访您的办公室，洽谈业务主任一职，希望有机会能再次见到您。

　　祝好！

马修

下一步比上一秒更重要

如果你在工作时犯下一个可能会被开除的大错，你肯定会很沮丧且心烦意乱，这乃是人之常情。不过研究显示，快乐的人不会把负面情绪埋藏起来，装作没那回事，所以他们也就没必要发一些今天过得多棒的废文。快乐的人会坦然接受现有的状况，并且为自己的行为负起责任。

人非圣贤，孰能无过？我们都会在工作上犯错——那是学习与成长的一部分。所以各位千万不要因此就认为自己是个废物，并且沉溺在自怜自艾的情绪中。相反地，你要记取教训，争取在未来做得更好。

这时候你可以采取的亡羊补牢的做法包括：请老板抽个空跟你谈谈，弄清楚下次再遇到同样的状况，你该怎么做比较好；你也可以向一两位跟你同行的至亲好友请教，或是向你所属的行业组织求教，听取他们的建议。绝对不要一直沉溺在负面的情绪中，而应动用你的储备资源去找到新的机会，这是吉姆·柯蒂斯（Jim Curtis）在工作上犯下大错后所采取的做法。详情请看以下叙述：

▷ **挽回一个价值数百万美元的错**

吉姆大学毕业后，便实现了他长期以来的梦想：在美国证券交易所工作。出生于马萨诸塞州小镇的他能够在华尔街工作，让吉姆对自己的表现深以为傲。不过他很快就发现，自己其实并不爱这份工作，甚至连喜欢都谈不上，因为他最擅长的技能在这份工作中根本派不上用场，所以他完全感受不到自己对工作的热忱。

有天吉姆完成了全交易所内最大一笔交易，在短短几秒钟内，成交了数百万美元。所有的交易员都惊呆了，想要弄清楚发生了什么事。是合并案吗，还是收购，或是上帝的神来之笔？然而真相却是，吉姆在进行电子交易时，不小心在价格、股票以及交易数额方面同时出错，他形容当时自己简直"头皮发麻，吓到想吐"。幸好他立刻意识到自己闯下了大祸，并马上进行补救措施。

吉姆说："我立刻去请求——不，其实是跪求——相关的交易员，让我取消这笔交易。幸好当时是可以这么做的，因为我们还未对大众开放电子交易。由于我跟同事都建立了很好的关系，所以每个人都同意让我取消这笔乌龙交易。但这个重大疏失让我发现，自己更适合别的角色，一个让我能够聚焦在跟人建立私人关系的地方，我知道我必须找到我热爱的工作才行。"

吉姆转职到他曾经负责交易的 OnHealth.com，这家公司后来被卖给另外一家新设立不久的数字健康企业，也就是日后的 WebMD。吉姆替 OnHealth.com 完成首次公开募股（Initial Public Offerings, IPO），并在稍后帮忙开发健康网站 EverydayHealth。

吉姆指出，OnHealth.com 的纵向关联公司包括 Berkeleywellness.com、healthcentral.com、thebody.com、remedyhealthmedia.com、healthcommunities.com、theliveboldivenow 平台、adherence 平台，因此，OnHealth.com 的触及率跃居为全美第三，仅次于 WebMD 与 EverydayHealth。

不过根据曼哈顿研究以及其他出版刊物发行量稽核单位的资料显示，OnHealth.com 的慢性病患者触及率是最高的。吉姆说他对这份工作的热忱，来自他自己曾经长达 20 年对抗一种罕见慢性病的亲身经历。

吉姆通过他的著作《在病痛中安身立命的 9 个技巧》（*The Stimulati Experience: 9 Skills for Getting Past Pain,Set Backs, and Trauma to Ignite Healthand Happiness*），帮助人们化病痛为力量。吉姆表示："你或许会因为生了某种病，而觉得丢脸或怪罪自己，或是怨叹自己的人生不够好。当我被诊断出罹患了一种前所未见的奇怪神经疾病时，我也有过前述这些负面情绪,而且我整个人进入了生存模式——只想解决眼前的问题,完全不替未来做任何准备。"

吉姆认为,在刚"得知噩耗"后进入生存模式是很重要的,因为它能帮你撑过最初的几星期。不过吉姆提醒大家,之后你还是要努力让自己恢复健康。但要如何脱离生存模式呢?首先,吉姆说你必须告诉自己,疾病并不会使你矮人一截,而且不论你被诊断出罹患哪种疾病,那都不是你的错。吉姆表示:"车子故障屡见不鲜,但我们并不会瞧不起它们——而是想办法把它们修好。保持正向心态,并且持续朝着你想要的目标迈进,至少能够帮助你更快痊愈,或是学会如何更妥善地处理你的病情。"

如果你也有健康方面的挑战,吉姆建议各位不断用这句话提醒自己:"病痛就是力量——我什么都做得到!"最后吉姆进一步建议各位,把你的故事跟大家分享,这样不但能够帮助其他跟你有相同状况的人,同时你自己也将因此受益。

随时重新自我定位

相较于吉姆因为在交易所犯下大错后,反而回头审视自己因此找到了真心喜爱的工作,各位有意换工作的朋友,可能会觉得换工作挺可怕的。各位之所以会入错行,有可能是被家人逼迫,或是别无其他选择。但是从你顿悟自己选错行的那一刻起,你的脑袋就会充满各种质问与怀疑:

- 我该怎么办?
- 我要如何和父母沟通?
- 我的配偶或同居者会做何反应?

你心中的焦虑可能会不断上升，所以你必须在事态演变到不可收拾之前，拟订一个预案以做应对。

在你开始思考自己想要做什么，以及你要如何把这个消息昭告亲友之前，你不妨花点时间好好想想你是谁。如果你因为太过茫然而无法思考，可以向你最亲近的朋友求助。就像我在第四章中曾提过，请你的亲朋好友与同伴组成"大陪审团"，要他们用几句话来形容你这个人；问他们觉得你最擅长哪些事情，并请他们试着回想，你在什么时候看起来不快乐或不像你自己。

当我想不起来是什么事情让我变成现在这副模样时，我的"北极星"威尔科夫建议我，用不超过20个字来形容自己，让我看一眼就能想起自己的核心精神是什么。各位不妨把它们想成是你的邮件签名档或是朋友圈的个人简介。在考虑过数百个流行用语之后，我终于想出了我的头衔：

杰茜卡
日班记者　全职社会企业家

这两个头衔似乎一举囊括了我当时在做的所有事情。现在换各位试试：请你拿出一张纸，并在上头写下你的名字，接着把能够形容你的用语列在清单上，看看哪些形容自己的词汇让你最有感觉，例如：作家、演说家、慈善家、人父、人母、男友、女友、女儿、儿子、志愿者。

威尔科夫还要求我去看西蒙·斯涅克（Simon Sinek）的TED演讲，然后从一个朋友的观点出发，替英年早逝的我写一篇悼文（当时我才32岁），然后再从某个我认识（或不认识）的人的角度，替60年后往生的我写篇悼文。我决定从我先生的角度，替92岁过世的杰茜卡老太太写篇悼文。如果各位也想尝试这些练习，不妨先去看看西蒙的演讲，他会请各位逼问自己一些很难回答但真的很有启发性的问题。

替自己写一篇悼文，会有以下效果：

帮助你更了解自己是个什么样的人，以及你想要什么。

帮助你更清楚自己正在追求什么。

帮助你找到自己的品牌定位。

对我来说，上述这些练习最棒的部分是，让我有机会仔细地检视我自己，深入探讨为什么我现在会做这些事情。它能帮我打造一个过滤器，使我不会把时间、精力和资源，消耗在对我无益的事情上。

各位完成这些练习后，请尝试做我推荐给客户的另外一个练习："想一想，对你而言最完美的工作会是什么模样，并写下一个完整的叙述。"如果你需要一些灵感，你可以上领英参考，看看你敬佩的那些人，是如何形容他们的工作的。那些关键词语说不定能够帮助你找到正确的语言。在你完成那个练习后，思考你希望从你理想的工作中获得什么样的感受，并把它加在你的清单最下方。

做这些练习的目的，是要帮助你克服转职的恐惧。接下来我们就来看看西蒙·哈克（Simon Huck）转职时的心路历程。

选择对的路，更需要勇气

西蒙从 10 岁开始就知道自己非常热爱流行文化，因为他超爱看电视上播出的每个颁奖典礼，所以爸妈还特地帮他订了《美国周刊》（*US Weekly*）[1]。当西蒙在加拿大念大学时，他仍旧边打工边翻阅他最爱的《美国周刊》。某次他看到一篇介绍公关大师莉齐·格拉曼（Lizzie

---

1. 以报道明星八卦为主的娱乐杂志，也包含最新的美容、时尚及娱乐新闻。

Grubman）的报道，西蒙竟然在不认识对方的情况下，直接打电话到她的办公室想要毛遂自荐，甚至一连打了3个星期的电话。

这个大胆的举动，让西蒙得到了在格拉曼公司实习的机会，也让他了解到自己不想再走目前的这条路。他打电话给爸妈，告诉他们他想要转行，所以他不打算继续在法学院攻读。西蒙坦承那段时间他其实很挣扎，就连爸妈也对他失去信心，不知他将来要如何维生。但经过时间的考验，他让爸妈看到他可以靠着自己的兴趣与喜好赚到钱。西蒙替格拉曼与另外一位公关大师乔纳森·切班（Jonathan Cheban）效力后，成为统率娱乐集团（Command Entertainment Group，www.commandentertainmentgroup.com）的大当家，专门负责《财富》五百强企业与名人之间的经纪合约。他的作品出现在全球七十余个国家，并通过电视、社交媒体以及其他数字平台播放，触及数百万以上的消费者。对于是否要转行还在犹疑不决的人，西蒙建议各位一定要努力克服恐惧，逼自己向前迈进，"不论是收听播客（podcast），还是找位人生导师来鼓励你都行"。

各位或许无法像西蒙一样，敢在没有任何人引荐之下，直接打电话向心仪的公司毛遂自荐。许多人一听到要打陌生电话给某人，第一个反应往往是"那好可怕，饶了我吧！"。那的确很可怕，而且也挺尴尬的。尤其是现今的数码世界，大多数人都是通过屏幕在沟通。但问题是，你想要联络的那个人，可能不知道你想跟他讲话——甚至不知道你的存在。但如果你真的很想把你犯的错，转变成一个实习机会或是另一份工作，或是与你心仪的人生导师见面，甚至是跟一位共事者二度合作，你就必须逼自己去打陌生电话。

如果第一次打陌生电话没成功，你必须把失望抛诸脑后，这样你才能以更有创意的方式快速展开下一次打陌生电话的行动。为了不让自己一蹶不振，被别人拒绝时你要以平常心看待。在你拿起电话之前，你要记住以下这些事情：

- 反复演练你想要说的内容，并设定计时器。不论你是为了什么事打电话，都要能够简明扼要且流畅地表明来意，不要说一堆没重点的废话。

- 若是你想找的人真的拿起话筒，你要能够马上应对。要是对方真的直接接听电话，那你实在太幸运了！有可能是对方的助理刚好不在，或者他们一向亲自接听电话，谁知道呢？千万别因为吓傻了而浪费时间，你要直接表明来意，而且最好能事先准备一些重点提示。妥善运用你的时间，如果你是在工作上犯了错，你不妨跟对方说："非常感谢您愿意跟我说话，我非常高兴能够找到您；我打电话来的目的是（在此简单扼要地向对方说明你的状况），也想知道未来我该如何处理此种情况。"如果你是跟西蒙一样打给一家公司，你不妨告诉对方你为何打这通电话，例如："我在媒体上看到很多关于贵公司以及您的报道，我对于贵公司的业务非常感兴趣，很希望能够为您工作，并加入这个了不起的团队。"

- 打扮得体。你可能会很意外，在你打陌生电话之前，先把自己打扮得很体面，会很有帮助。预先进入工作模式，对于能否得到这份工作绝对有其加分之处；但如果你穿着睡衣时最开心，那也很棒。总之，做好你必须做的一切准备，不论是拿起话筒前先微笑，还是看着你心爱的人的照片，或是让自己展现出最棒的第一印象。替你自己加油打气，让你觉得自己一定能够完成任何事情！

- 说到做到。待你挂上电话后，你要立刻寄张感谢卡或发封邮件给对方，并开始进行你答应要做的事情。如果你说你会用邮件把你的要求传送给对方，那就马上传送过去；如果你应该再打另一个电话，那就马上打。

- 暂停一下。在你打过电话，并且完成你答应的任务之后，你不妨休息几分钟。去呼吸新鲜空气，听听音乐，给自己一点时间重整心情——别忘了感谢与恭喜你自己，能够鼓起勇气打电话，迈出了换工作的第一步。

不论你是在应聘或面试时出错,还是在工作中出错,或是你领悟到自己选错了行业,希望各位现在的心情已经平复许多。我们看到别人晒在社交媒体上的照片或文章,通常看起来这些人都像是一夜爆红的。但其实我们大多数人一路走来都遇到过很多挫折,并且在我们的自尊心上留下了不少的伤痕瘀青。请各位记住以下这些温馨的提示,帮助自己挥别过去的阴霾:

· 永远记得自己是谁。
· 试试威尔科夫建议的那些练习。试着找出能够正确描述你这个人的话语,并找出你为什么会变成现在的模样。

如果各位已经跟你想要找的人联络上了,但是对方对于你说的话、你的提案或你这个人并不买账,那该怎么办呢?下一章我要教各位如何扭转局面。

第六章 塞翁失马，焉知非福

> 一早的爆汗运动真痛快，你感觉今天一定顺利到不行。你在离开健身房时顺便查看了电子邮件，却收到了令你不敢置信的邮件：你竟然没得到那份工作。在经历了 6 次冗长的面试、全天候的简报，外加某个无聊的团体晚宴（还害你错过了女友的首场演出）后，对方居然只用短短的两行字打发你，说他们另有打算。你忍不住上社交媒体发文——现在的心情：一肚子大便。你知道等你下地铁时，你妈肯定已经在语音信箱里留下了 12 个留言，想要问清楚是怎么回事。#赢了#

我们能否进入理想的大学，或是获得一份工作，或是工作升迁，又或是达成人生中的某个里程碑，有时候其实要靠运气。所以我想劝诫各位，不要一直沉溺在"当时我应该要做更多"的懊恼情绪中。不过话又说回来，如果你已经拼尽全力做出最佳表现，那么那位拒绝你的入学审核官、雇主或其他相关决策人员，也不算辜负你。其实不论你在哪里上班或上学，你都可以把你个人独有的技能贡献给世人，所以千万不要否定自己的价值——不管你被拒绝了多少次。

把被拒绝化为韧性

说到拒绝,其实有些普世共通的真理,其中之一就是:求职或升职失利,并不能就此断定你是个什么样的人,也无法抹杀你的成就。

如果这次升官的人不是你,表示公司或你的老板,可能还需要更多信息,才能确定你真的适合担任那个职务;抑或此时此刻,你并不是最适合那个职位的人选。

对于那些没被录取或没有升职的人,我通常会问他们的第一个问题是:你除了提出申请之外,是否还做了其他努力,能让对方知道你对这家公司或这个职位有多感兴趣吗?

那些为了中途换工作而找我咨询的客户,我常听到他们说:"有3家公司找我去面试,但最后全都落空,是因为我说错了什么,还是我漏了什么吗?"我只能摇头叹息,这样真的不够。

现今人们争取一份工作或升职的竞争是相当激烈的,对于已经停滞几年没有动作的人,情况更加不利。想要在众多竞争者中脱颖而出,你必须要让面试官记住你,并且认为非你莫属,那你该怎么做呢?

当你需要说服某家公司或某个老板,相信你是某个工作或职务的最佳人选时,你必须提到以下这些基本讯息:

- 完整呈现你的经历,从你开始工作到服役期间都要提及。
- 附上强有力的推荐信。
- 具体说明你为什么是担任这份工作或职位的最佳人选。

上述的信息提供得越完备,就越能够让这家公司或这位老板了解你有多想要这个位子。但即便你漏列了其中某些信息,也不一定就必然会跟那份工作擦身而过,只表示你要再加油一些。你可能需要多加强调，你的某些人生经历，相当符合你想要应聘的职务，请参考以下的想法：

- 写下你具备哪些相关技能。你想应聘的那份工作，需要具备哪些技能，请把它们写下来；还要写下你在哪里取得这些技能，以及你在发展那些技能的过程中有哪些经历。
- 为双方的会面或其他互动，制造谈话的话题。你可以通过社交媒体，或是上市公司的年报、白皮书、法律评论或医学期刊之类的刊物，取得应聘公司的相关讯息。了解该公司及其所属行业的重大消息，才能跟对方进行有深度的谈话，而不光是闲话家常。
- 寄感谢卡。在你们见过面之后，寄张手写的感谢卡给跟你见面的人，此人通常会把这张感谢卡放进你的档案里。
- 自己准备一份个人档案。当你在一家公司上班时，人事部门通常会为你打造一个个人档案，你的年度考核以及其他任何资料，都会放进这个档案里。其中可能附注了你不知道的评语或事项，所以你要把你的年度考核复制下来，等你想要申请升职或是到别家公司应聘时，就可以拿出来参考。

不论是人事部门还是你的老板，可能都无法从你的申请文件中看出你有多能干。所以你提出的每样东西，一定要能准确传达你想要对方知道的事。

关于拒绝的第二个普世真理则是：问题未必出在你身上。问题有可能出在拒绝你的人身上——你的老板或是人事部门，其实他们心中早就有内定的人选，而你并非他们中意的人选。在面试你之前，他们说不定已经见过好几个符合条件的人，所以他们在面试你的时候，其实已经决定好了。他们之所以会面试你，只是想看看还有什么人，并确定他们做了正确的选择。说不定是上级规定，他们必须面试过一定人数的应聘者，才能决定人选。老实讲，你恐怕永远都不会知道他们为什么没有选择你。

由于许多人常把求职失利怪罪到自己身上，所以我衷心建议各位一定要认清上述事实，这样你才能够尽快重整心情，全力迎接下一个机会。况且从长远来看，这次没被录取，说不定反而对你更有利。

如果你无论如何都想弄清楚，对方为什么不录用你，开口问问是无妨的。有些人会坦白告诉你，但有些人则不会说。要是你能弄清楚对方为什么不录用你，说不定会让你知道自己在哪些地方需要加强。但请记住并不是每个人都愿意跟你分享这些见解，所以如果你的询问石沉大海，切莫钻牛角尖，你应该打起精神来，继续努力。

关于拒绝的第三个普世真理是：自己满意就好。就算你没有得到理想的工作或升职，难道你就一败涂地了吗？当然不是！其实它可能只是在提醒你退后一步，并评估你当初为什么会想要得到那份工作或要求升迁。在现今这个瞬息万变的世界里，我们不只是要追求更高的薪水或更好的待遇，更希望能从工作中获得满足感。

我们对自己的工作表现的满意度高了，我们跟家人的关系、我们的运动表现，以及我们从事的任何活动的效益，也全都会跟着提升。所以当你打算争取某个新的职位时，除了着眼于能让银行的存款增加之外，最好也要确认，这个新工作是否能给你更多成就感。

我的故事：不放弃就能达成心愿

43，这是什么数字？是我在逃离一份烂工作之前总共面试过的次数。虽然我在做那份烂差事的两年期间，曾经遇到过几位才气与耐心兼具的人，但也有几个恶人拼命想把我赶走，而且还不止一次破坏我的工作。所以等我做满1年后，我便迫不及待地想要另谋高就。

由于那43个面试机会多半在外地，所以每次我不是开车就是乘飞机前去。虽然我曾经多次进入最后候选人名单，可惜最终仍然铩羽而归。但因为我实在太想离开那份烂工作，于是我决定申请就读法学院。

当时我每天的生活作息堪称是铁人行程，凌晨2点起床，应付完早晨的节目后，接着还有一大堆工作。通常要一直忙到下午四五点，我才能回到新闻编辑室。接着我飞奔回家吃晚饭，然后去补习班上LSAT课（申请法学院的专门考试），晚上10点回家睡觉。在那段期间，我还同时申请了"白宫学者计划[1]"，我花了好几个月的时间准备申请表及论文，并且成为进入区域决选名单中最年轻的候选人，可惜最后仍功败垂成。在这段忙得不可开交的时期，我仍无法放弃我的电视梦，因为我真的很想成为谈话节目的主持人，于是我决定要用一种不同的方式来展示我的报道经验。

我得知《艾伦秀》在洛杉矶的收视率高过纽约，所以我发邮件给《艾伦秀》工作团队里的每个人，询问如果我到了洛杉矶，是否可以拜访他们。有位制作人回复我并且答应见我。当我到达洛杉矶后，我

---

[1].The White House Fellows Program，由美国前总统林登·詹森设立于1964年的计划，是美国最重要的高级领导人才及公共事务人才培育计划。白宫学者有三方面功能：根据白宫学者的专才给内阁官员提供施政建议；让国家未来的栋梁之材理解国家当前面临的挑战、政策如何落实及其如何影响人民的生活；青年学者社群的建立及历届学者横向与纵向人脉的组建。

把我的一些想法告诉了她，结果她说她非常喜欢我的点子。她要我制作一个试播片寄给她，还把我介绍给办公室里的其他制作人。她跟我聊起了她这一路走来的整个经历，以及她写的一本书，在我坐上租来的车时，她对我说："你将来一定会红的。"听到这句话，我高兴极了，恨不得立刻飞回佛蒙特开拍我的试播片。

我的拍片计划需要从佛蒙特开车到纽约，载着一个极高的艾伦人形立牌，它大到几乎放不进我的车里。我找来曾经合作过的摄影师比尔，还有我的表弟马修跟艾利克，然后我们就上路了。马修负责拿着一只扬声器，播放我选的歌曲；艾利克则负责收集出现在试播片里的人及他们愿意出镜的同意书。当我回到佛蒙特后，我接到了一位执行制作人打来的电话，他告诉我："小杰，你的DVD在我的办公室大受欢迎，你到底想要干吗？"我赶紧说明我想当艾伦在纽约的特派记者，我会带着她的人形立牌出现在电影首映会或是各种大型活动的现场。他问我是否打算到洛杉矶，我说会啊，其实我撒了谎。之前我只去过一次洛杉矶，是参加我朋友的婚礼。

接着我打电话给我爸妈，告诉他们我必须飞回洛杉矶，我妈向来是我最坚定的支持者，她叫我别担心，说他们会照顾好自己的。于是我飞到洛杉矶，借住在我朋友布莱特家，每天早上我打电话到那位执行制作人的办公室，接电话的人总是叫我在某个时间回电。当我回电时，对方又叫我在另一个指定的时间回电。我待在洛杉矶的那3天里，每天都要重复同样的流程。

等到我待在洛杉矶的最后一天，另外一位制作人好心接听了我的电话，并且给了我一些进入谈话节目这一行的建议。我问对方是否愿意花5分钟见我，她说她无法离开办公室。而那位夸我会红的制作人根本只是在讲场面话，亏我还买了她的书来读。最后我黯然回家了……当时的我虽然进了法学院，但没有拿到白宫学者计划，而且被《艾伦秀》的经验伤透了心。后来我还是把我制作的 DVD 寄给了我在业界认识的每个人，包括我的人生导师、教过我的教授、我在 NBC 实习期间认识的人，以及家族里号称"有新闻界人脉"的亲友。某天，一位在电视圈任职的主管打电话给我，问我有没有看那天的《艾伦秀》。当天我临时替一位朋友代班，所以根本没空看电视。他说他在看节目的时候，眼睛瞄到他们采用了我的点子——但是没让我出现在镜头前。我联络上了一位制作人，想要了解是怎么一回事，那人说："我很抱歉，不过你至少知道自己做对了，继续努力吧。"这番话令我感觉更糟，如果各位想要看那个试播片，请搜寻我跟艾伦的名字，或是直接点击 entm.ag/ellen。

把时间再快进数年，我已经把《艾伦秀》事件抛诸脑后，并且终于得到了梦寐以求的纽约第一新闻台的工作。在我漂亮地答完所有考题后，负责面试我的人表示，她很讶异我对于纽约的重要人物以及纽约第一新闻台报道的时事了如指掌。她要我回答的考题大约有 5 页，而我自己在前一晚所做的模拟考题库，可足足超过 12 页呢（而且我读了一整晚）。她问我是否可以把我自制的考题复印一份给她，让她可以用来面试其他的求职者。不久之后，我终于开始在纽约第一新闻台工作了。

用"正确"的角度检视自己

当各位努力尝试以正面的心态看待求职或升职被拒的时候，我提醒各位一定要记住你并非一无是处。虽然你的工作表现，的确不如朋友晒在社交媒体上的那么"无往不利"，但那并不表示你在其他方面的表现也都乏善可陈。我们人生中的各个面向都会有高低起伏——有时候你会在工作上大放异彩，之前的努力终于获得了重大突破；有时候你的私人生活多姿多彩，但是工作表现平平；有时候，你会爱情事业两得意；有的时候，你则是在公私两方面都焦头烂额。但重要的是，当你时运不济的时候，你一定要能在其他地方找到快乐。我朋友乔纳·普拉特（Jonah Platt）的处世哲学，就很值得大家参考。

不论是社交媒体还是真实人生，乔纳都堪称是春风得意。2015年到2016年间，他在百老汇演出当红的音乐剧《女巫前传》（Wicked）。2018年的复活节当晚，他参与了NBC的《耶稣基督万世巨星》（Jesus Christ Superstar）现场演出。

尽管现在的他看起来一帆风顺，但他要告诉大家，这一路走来他其实也吃了很多苦头。他趁着排演空当接受我的访问时表示："要达到我的理想境界需要走200步，目前我才迈出了两步。"

对于我们在本章讨论的重点"当你搞砸时你该如何收拾善后""当你发现选错行时，你又该如何找到正确的路"，乔纳都颇有心得。

乔纳在大四的时候，就决定日后要当个电视编剧，并且写了一个剧本。他把那个剧本给一位挚友看，对方恰好是位经纪人，便帮他安排了一个会面。乔纳说："可惜我搞砸了，我毫无准备就去见了对方，我实在太嫩了；我根本不懂得如何营销自己，所以没有得到那份工作。"乔纳说各位如果遇到类似的情况，必须要从中学到教训："各位一定要记住，你其实拥有足够的才华，否则不会获得面试的机会；虽然这次的面试搞砸了，但并不代表你永远都无法入这一行。"

如果各位还在为上一次的面试失败耿耿于怀，乔纳希望你记住，你其实是有才能的——需要加强的是你的面试技巧。毕业后，乔纳获得了他的第一份编剧工作。"我曾替几个短命的节目工作，它们都做了6集后就结束了。后来我又找到另外一个节目，但是那个节目太成功了，根本没有我可以发挥的空间。"不论你想从事哪一行，有时候还是需要运气的加持。以电视编剧这一行来说，乔纳指出："你必须在对的时机出现在对的地方,而且必须遇到愿意给你机会的节目统筹。如果你遇到一个不愿意提拔后辈的老板,那你就得问问自己,你乐意在这种听命于人的位置待多久。"

入行5年后的某天,乔纳突然领悟到该是转换跑道的时候了:"当时我正在说服节目采用一些人们觉得好笑的笑话,但我突然发现,身为一个编剧,重点并不在于你的笑话是不是最好笑,而是你有没有办法让人家采用。因为当时我还年轻,而且只是个助理等级的人物,所以我没办法获得每个人的信任。我知道如果是由一位资深编剧出面来营销,我的笑话就会获得采用。那样的状况令我觉得很受挫,所以我不打算再继续为他人作嫁衣了。"

当他正思考下一步该往哪里去的时候,恰巧有个老朋友打电话来找他,对方说他正在参与一出音乐剧,但是该剧的男主角决定辞演。结果乔纳获得了那个角色,之后又接演了几出戏的主角。有了更多的信心与更丰富的资历后,乔纳开始把十分之一的时间用来写作,将十分之九的时间用来演戏。接着,当他在好莱坞表演了《毛发》(Hair)这出音乐剧后,他开始时来运转了;他不仅是剧中唯一一位不是名人的主演,而且在这部戏里遇到了日后的妻子寇特妮。乔纳说他很幸运能有这些奇妙的体验,不过身为一名演员,如果心脏不够强,很容易就会被社交媒体摧毁。

这就回归到我稍早时曾经说过的:你必须明白自己的价值所在。事情出错并不表示你一败涂地,从正确的角度检视自己,是一件很重要的事,千万不要为了别人发在社交媒体上的东西,或是旁人在茶水间的闲言碎语而"人比人气死人"。有时候你会觉得自己登上了世界的最高峰,有时候你会觉得自己坠入了最深的海沟,这时你必须找到东山再起的方法,拍拍你的膝盖,然后继续向前迈进。

如果你认为要在大企业里获得一份工作或是当个创业家很难,

其实当个演员也很不容易。一次又一次地试镜，却一次又一次遭到拒绝，你会越来越没信心再试一次，也会失去耐心与勇气继续追逐你的梦想。

按照自己的步调持续前进

乔纳说："其实登上微博比当演员更有挫折感，譬如你刚刚试镜没成功，但随即就看到你的朋友得到了一个角色，你心里一定会想：我怎么那么差劲！"

乔纳指出自己成功的关键在于，明白这趟人生旅途是属于你自己的："当我弟弟[因演出音乐剧《致埃文·汉森》（*Dear Evan Hansen*）而获得东尼奖的班·普拉特]的声望不断看涨时，我还一直在原地踏步；朋友的成就你可以不予理会，但如果是亲兄弟的成就，你真的很难视而不见。"

在这种情况下，如果你选择为你的朋友或家人感到高兴，并明白有一天你也会如此成功，你就能保持快乐的心境。要是你选择钻牛角尖，你就会闷闷不乐与自我怀疑。

乔纳表示："我绝不想当个小气的哥哥，也不想当个见不得别人好的朋友，所以我决定按照自己的步调走我的人生路。抱持这种心态，让我能坚定地做自己的事，不论它需要多少时间，我都有信心最终一定能够到达我想去的境地。"换言之，按照你自己的步调做好你的事，花多长的时间并不重要，重要的是你能够坚持不懈。

在本章中,我们讨论了你为什么必须做好准备,才能在你梦想的工作中争得一席之地。我们也探讨了把被拒绝的经验化为韧性的重要性,接下来是一些能够帮助你做好准备的事情:

- 你做了哪些超乎预期的努力,让公司看到你很想在那里工作或是很想要获得这次的升职?这是你展现实力的时候,但永远谨记过犹不及。
- 你是否曾为了应聘一份新工作或新职位,而请你认识的重量级人物帮你写推荐信?你是否曾告知对方,他可能会接到公司打来询问的电话或是发来的邮件?
- 你是否正在争取升职、争取一份新工作或争取一个试镜机会?你有没有找人陪你练习你的自我营销?
- 如果你曾经被拒绝,你是否曾给自己一段疗伤的时间?有谁或有什么事情,能够帮你想清楚下一步该怎么走?如果你不确定,不妨上招聘网站搜寻一下,看看在你的人脉当中,有谁从事你想做的那份工作(类似的也行)。

当你觉得自己一定要做某件事时,你就会不顾一切去做。所以如果你无法想象你的人生中缺少某样东西,那你千万不要放弃,请勇敢地继续追求它。不论你处在这个过程中的哪个阶段,都要抬头挺胸勇往直前。如果你因为每天都遭到霸凌而感觉万念俱灰,那么我们将在下一章讨论如何面对霸凌。

PART 3
拒绝霸凌,掌握你人生的主动权
Taking Back Your Happiness

  如果你正饱受他人的恶行或流言的攻击,你一定要珍惜自己并且正视自己的价值。面对恶意,我们可以选择不被负面能量打倒,设法把心思放在人生中的美好事物上。

  如果你受到骚扰甚至霸凌,一定要立即寻求合适的渠道及资源求救。天底下没有任何人活该被霸凌——你绝对可以捍卫你自己的权益,并重新找回属于你自己的快乐。

🔍 第七章　向霸凌者讨公道

> 当你的同事走进办公室时，你明明就坐在位子上，她跟每个人道早安却把你当空气；接下来她说要帮大家买咖啡，但问了每个人想要喝什么，就是没问你。不一会儿，她开始跟另外一位同事贴着耳朵讲悄悄话，她们两人同时看着你并且放声大笑。你晒出了一张跟家人合照的照片。#我是被宠爱的#

不论是在职场、家中还是在社交圈里遭到霸凌，你多半会在社交媒体上装作若无其事，因为你通常只会把生活中好的一面展现给别人看。虽然我们时不时会看到有人发文说，他们被人找碴，但悲哀的是，关于被霸凌者轻生的新闻报道中，大多会提及被害者身边的人的表态——他们根本不知道情况有那么糟糕。至于那些有人知情并且想要出手相救的案例，则会提醒我们，我们必须花费好大一番工夫才能保护被霸凌者。但最令我抓狂的是，有些霸凌者成年之后，还是会继续霸凌别人。

尽管我相信有些人之所以会出现在我们的人生中，是为了让我们学会重要的人生课题,但我不认为天底下有任何人活该被霸凌。我梳理了数百篇文章,也访问了很多专家,希望能帮助各位运用智慧解决霸凌问题,但我却找不到能够应付各种状况的万能灵药,就连法律赋予被霸凌者的权利,也是因地而异。

你被霸凌了吗?

为了研究与监控霸凌,美国疾病预防控制中心和教育部共同对霸凌做出统一的定义,其核心内容包括:不受欢迎的攻击行为;被观察到或感受到的权力不平衡;重复发生或极可能重复发生的上述行为。由于霸凌有很多种形式,受害者可以利用表7-1的"霸凌行为评估表",来辨识自己遭受的是哪种霸凌。

专家建议采取的第一个步骤是,跟某个你信任或觉得值得信赖的人分享你的遭遇。

依案情而定,霸凌有可能被判定为违法,或达到犯罪程度,例如骚扰、欺凌或攻击。

由于美国各州的法律规定不一样,如果各位想知道你有哪些法律权益,必须参考具体的反霸凌法律是如何规定的。临床社会工作者丹尼尔·瑞芙(Danielle Reiffe)指出:"新泽西州的法律对于霸凌的定义是全美最完备的,它连性别认同都纳入,并不是每一州的法律都会保护性别认同或表达。"不论你住在哪,也不论你遇到的是哪种状况,你都不必一个人默默承受被霸凌的痛苦。

对于本章要讨论的主题,我特别请教了丹尼尔以及其他专家,我们要如何防止霸凌者对我们予取予求;以及当我们看到有人被霸凌时,我们该如何帮助对方——不论对方是我们的小孩、学生还是同事。

我还要跟大家分享,同理心以及自我关怀(self-compassion)在

表7-1 霸凌行为评估表

对于表中叙述的行为,请在适当的地方打钩:

	是	否
1. 有人对你口出恶言或用文字攻击你?	☐	☐
2. 有人戏弄你或是辱骂你?	☐	☐
3. 有人对你发表不当的性言论,或是发表跟你有关的不当性言论?	☐	☐
4. 有人嘲讽你或威胁要伤害你?	☐	☐
5. 有人破坏你的名誉或人际关系?	☐	☐
6. 有人故意排挤你?	☐	☐
7. 有人叫其他人不要跟你做朋友?	☐	☐
8. 有人散布你的谣言?	☐	☐
9. 有人在大庭广众下公开羞辱你?	☐	☐
10. 有人伤害你的身体或损坏你的财物?	☐	☐
11. 有人殴打、踢踹或掐你?	☐	☐
12. 有人对你吐口水?	☐	☐
13. 有人故意把你推倒或绊倒?	☐	☐
14. 有人拿走你的物品?	☐	☐
15. 有人对你冷嘲热讽,或是对你比出不雅的手势?	☐	☐
16. 有人在网络上对你进行口头攻击?	☐	☐
17. 有人对你发送具威胁性的讯息,或是在网络上恐吓你?	☐	☐
18. 有人在网络上散布你的谣言?	☐	☐
19. 有人修改、散布、伤害或破坏你私下储存的信息?	☐	☐
20. 有人盗用你的个人资料建立假账号?	☐	☐

应对霸凌这件事情上扮演着重要的角色；请不要忽视自己的能力，我们每个人都可以当个正义哥、正义姐。

最后我要再次强调，每个人心中都有一股力量，只要好好运用上天赐给我们的智慧，就能帮助自己渡过这个难关。

如果你对于表格中的第1~4题都勾选"是"，那你可能是口头霸凌的受害者。

如果你对于表格中的第5~9题都勾选"是"，那你可能是社交霸凌的受害者。

如果你对于表格中的第10~15题都勾选"是"，那你可能是肢体霸凌的受害者。

如果你对于表格中的第16~20题都勾选"是"，那你可能是网络霸凌的受害者。

当遭受霸凌时，请你切记不要忽视自己的需求，及时向外求助。

我的故事：勇敢面对霸凌不示弱

我在七年级的时候到一所新学校就读，当时班上最有人气的两名女同学，不知道为什么就是看我不顺眼，所以从开学第一天起，我的悲惨命运就开始了。尽管如此，我还是努力保持微笑。每星期我们都有一次教堂礼拜活动，虽然我是犹太教徒，但我还是很爱这所学校，因为这里的老师教学认真，让我学到了很多有关领导管理的知识，而且我也喜欢参加教堂礼拜。不过每当全体学生要一起进行祷告时，我就会忍不住拼命地想着要怎么样做才能逃学，以避开坐立难安的窘境。我甚至曾经想过，要是我昏倒而且头撞到座椅，那我就可以住院几天不用上学。当我的同学都在聆听台上的牧师讲道时，我的脑袋则忙着思考该怎样才能假装昏倒。

在我的学校生活中最痛苦的部分，就是换教室上课以及丢午餐垃圾时必须经过那条走廊的时光。我每次总想方设法地避开受欢迎女生小团体里的任何人，以避免被她们冷嘲热讽、轮番嘲笑与瞪视。为了帮我挺过这难堪的场面，并成为一个更坚强的人，我妈在家训练我：
"小杰，你去站到车库里，然后走进屋里来。我会坐在这里，一路瞪着你，你必须抬头挺胸地从我面前经过。如果你把头低下来示弱了，就必须回到车库，从头再来一次。"

经过多次练习后，我终于能够在她的"瞪视"下，抬头挺胸不甘示弱。尽管我妈出于好意帮助我，但是我在学校里的待遇并没有变好。那一群恶女会在我的置物柜里留下一堆谩骂的纸条，或是故意在半夜打电话到我家，却不开口说话，只是发出沉重的喘息声后挂掉。她们一看到我就会对我搞恶作剧，并且在全校最受欢迎的男生经过我身边时，骂我是头"肥猪"。有一天，一位大姐姐来学校接那群恶女回家，当她看到我正要穿越马路走向我妈的车时，她竟然狂踩油门朝我开来，像是要撞向我，这一幕刚好被班上的几名同学看到，让我更加丢脸。

爸妈知道我在学校受尽委屈，所以他们每天都问我，要不要跟校方开会，但我却不让他们插手，因为我觉得自己才12岁就成为别人霸凌的目标，真的太丢脸了。不知为何，这些怪物让我觉得，开口向人求助，会令我变得更加渺小。尽管我受到这么严重的排挤，我还是觉得无法自己解决这件事而很没面子。不过最后我还是在爸妈的陪同下，向学校举报了此事，才让情况获得了些许改善。后来我试着把生活重心放在我喜欢的人和活动上，才撑过了悲惨的那几年。

永远相信"自己"的价值

为了避开那群恶女的霸凌行为,不让自己的身心被她们击垮,我学会了控制自己的生活重心。我花了很多时间跟我姐姐阿莱西娅待在一起,她一向比我勇敢,并且尽力想让我变得更坚强。我也常跟我在夏令营交到的好友吉尔与小波打电话聊天,因为我们的家离得很远。幸好上高中以后我的生活平顺多了,我当上了学生会会长,参加了学校的音乐剧演出,还加入了体育社团。我不再把焦点放在别人身上,而是认真追求自己的理想。经过一段时间之后,那几名恶女也不再那么嚣张,最终我们放下了初中时的恩怨,并且成为朋友。

这些年来我在全美各地巡回演讲,并倾听了无数青少年及社会人士的心声,我发现很多人都曾面临跟我类似的遭遇,而且我的情况跟他们大多数人相比,根本是小巫见大巫。社交媒体让那些不怀好意的恶人,有更多机会接触到我们的个人信息,并且侵入我们的私人领域,这种现象非常可怕,所以我希望各位记住以下这3件事:

1. 如果某人把他的痛苦发泄在你身上,这种情形只是暂时的,请不要将这些恶意放在心上,持续地伤害自己。
2. 如果你是霸凌者,你不可能通过伤害别人,来解决你自己的问题。
3. 这个经验可能会影响你这一生的志向,把眼光看向未来,努力追求你的理想,并到达你想要的境界。

▷ **相信自我价值**

我曾在电视新闻圈工作15年,并且非常关心弱势者的故事,但每每看到被霸凌者轻生的报道,我都心痛不已。

从我初中被同学霸凌到现在,我们的世界在许多方面都有了很大的进步,但是在推动"仁慈待人"的社会风气这一部分,我们仍有很大的努力空间。我永远都忘不了，我曾报道过的一名罗格斯大学的学生自杀的故事。泰勒·克莱门特（Tyler Clement）的室友用摄影机拍下了他亲吻另外一名男性的画面，并把这个画面发到网络上，导致泰勒从乔治·华盛顿大桥一跃而下，结束了他短暂的一生。看到世上有这么多无辜的人遭到别人恶意伤害，最后不得不结束自己的生命，我真的好心痛。

所以我决定在 YouTube 开设频道——JaboTV，为那些努力想要化悲愤为力量的人，提供一个正向的资源，让他们能借鉴别人的想法和经验。我首次推出的系列主题叫作"周三聊心事"（Open Up Wednesdays），第 1 集我邀请的来宾是网红泰勒·欧克力（Tyler Oakley）。我原本并不认识他，但是很多青少年都建议我访问他，于是我通过一位朋友帮我介绍，而泰勒也表示他非常乐意支持我的新频道，即便当时我根本连 1 个订阅用户都没有。泰勒在访问中谈到了他的高中生活，并分享了一些建议给其他青少年。之后我陆续访问了运动员、名人、首席执行官以及引领潮流的改造者，跟大家分享了他们如何度过人生中的痛苦考验。

我们每个人都曾遇到过被人恶意伤害的时刻，那些不愉快的经历，使我们忘了自己的价值。如果你正饱受别人的恶行或流言的攻击，我恳求你一定要珍视自己，并勇敢地经受住人生中的种种考验。

没有人是局外人

打破霸凌的恶性循环有许多种方法。首先，你要了解自己的价值，并帮助其他人培养善念。临床心理学家塔拉·库西诺（Tara Cousineau）指出，我们除了要了解自己的价值何在，还要对周遭的人展现同理心，因为那是支持他们的最佳方法。

库西诺指出:"同理心肌肉,就跟我们身体上的其他肌肉一样,需要经年累月持续锻炼才能越来越强壮。我们平常就需要训练与实践同理心,这样等到我们需要出手时,它才能够发挥最大的力量。"她还指出,我们的同理心肌肉需要大家给予更多关注。

库西诺曾在2018年发表一篇文章,主题是"以仁心带人"[1]。她在文中提道:"现今的社会,强调独立、竞争、比较高下、独善其身,以及个人成就——这些全都无益于培养同理心。"她还出版了《和善即解药》(The Kindness Cure)一书,书中指出,自扫门前雪的心态在现今社会大行其道,而同理心却日渐没落。

她认为现今社会推崇"冷酷无情的文化"(cool to be cruel culture),所以人人亟须接受同理心与正念的矫正训练。"我认为大家都需要培养善心正念(kindfulness),也就是要用心觉知当下。"

库西诺指出,许多人在很小的时候便丧失了这份善心正念,因为有些家长认为反正学校会教,或是他们看到自己居住的社区里充满了善心,所以就不会特别教导孩子要以和善待人。但其实从小学三年级起,学校就不再提倡同理心与正向行为,而是把全部的注意力用来宣传不要从事负面行为,像是不要吸毒、不要喝酒以及不要霸凌。虽然这些课程的确也很重要,但是花那么多工夫防治负面行为,就没有余力教导大家多从事正面的行为,例如和善对待自己与他人。对此,库西诺提出了她的见解:"研究显示,教导青少年帮助他人,其实是保护他们与杜绝危险行为的好方法。青少年尝试帮助家人以外的其他人,即便每周只花区区1小时,也可防止青少年吸毒或从事无防护的性行为,因为这能够帮助他们把心态从'我'转换成'我们'。"

那就是为什么库西诺认为,教导孩子、学生或员工要心存善念,

---

1. 详情请参见 www.leader-values.com/wordpress/leading-with-a-kind-mind-tara-cousineau-phd。

跟教导他们其他的生存技能是一样地重要。

库西诺指出："我们必须推动社会形成助人的风气，并鼓励大家保持感恩的心。"她建议大家从为自己或他人做一件好事开始做起，例如好好睡个饱觉，打电话关心朋友，呼吸新鲜空气，做做运动，或是吃健康的食物。

我曾在第一章中提过的积极心理学专家戈尔茨坦，对霸凌做过详尽的研究，并且通过学校以及她的私人诊所，为家长及孩子提供相关的咨询服务。她发现，人们看到别人被霸凌时，不论是在游戏中还是在会议室里，会促使人们出面伸张正义的就是同理心。戈尔茨坦指出："更重要的是，只要有一个人率先站出来制止霸凌行为，并且对被害人提供援助（身体或心灵），其他人几乎也一定会跟进。当被害人发现自己身边围绕着许多想要帮忙的好心人时，他那种孤立无援的感受就会大为降低。"戈尔茨坦指出，当个正义的人真的会好心有好报："如果别人都知道你是个会帮助他人的正义之士，等到有一天换你需要别人的帮助时，就会有一群人出来挺你。相信大家都没想到，挺身助人竟然可以产生一个历久不衰的多米诺骨牌效应，让大家同仇敌忾、互相扶助。"

从库西诺和戈尔茨坦的说法我们即可得知，我们必须要和善对待自己以及周遭的人，才能随时展现同理心。不过了解霸凌者的动机，以及什么样的环境会助长霸凌行为，也很重要。

"冷漠""无视"都是帮凶

戈尔茨坦认为，如果大家都不再袖手旁观，而是选择当个锄强扶弱的正义之士，那么人人都将会受益。接下来，她想请各位老师、家长或企业主管，诚实回答以下问题：

- 我是否在家中、学校或职场（消极／积极）推动一种忍受霸凌的文化？
- 我是否在家中、学校或职场（消极／积极）推动一种袖手旁观的文化？
- 我是否在家中、学校或职场（消极／积极）推动一种伸张正义的文化？
- 我的孩子、学生、同事是否曾经听过我说别人的坏话？
- 我的孩子、学生、同事是否曾经看过我在某人说别人坏话时保持沉默？
- 当某人向我表明他目击或遭遇霸凌时，我的（声音、肢体语言及动作）做何反应？

如果你发现自己的行为直接或变相地鼓励负面的行为与伤人的场景，戈尔茨坦建议你赶紧改变做法：把它当成你自己的事来处理。各位或许认为，解决霸凌问题的重点应该是在被害者或是加害者，只有你把自己加入这个霸凌的场景当中，你才会有足够的动力，一肩担起改变现状的责任。她建议你要跟霸凌行为以及／或是伤人场境的受害者，亲自谈谈，并发表以下的声明：

- 知悉：我知道这里发生了不好的事情，我明白"××行为"令你或其他人感到不舒服，而且那样的行为应当予以制止。在家中、学校、职场中感到安心自在，是每个人都应享有的权利。
- 同理心：听到你的委屈我很难过，谢谢你信得过我，把这番遭遇告诉我，我会支持你的。
- 询问：我该怎么做才能够改变这种状况？我该找谁一起加入对话？你需要或希望我为你做些什么？

- 行动：我一定会为了改变现状扮演一个角色，我能够……通过在每个声明中强调"我"，代表你承担下处理此事的责任，并且会尽力阻止那些不适当的恶行。

▷ 被霸凌少女变身企业首席执行官

瓦莱丽·韦斯勒（Valerie Weisler）住在市郊的某个社区，这里的环境舒适怡人，邻居也都亲切友善，所以她的生活在外人看来毫无异状。但是在她家里，却是另外一回事。在她升上初三的前几天，爸妈把她跟弟弟叫到客厅，告诉他们，爸妈要离婚了。在接下来的日子里，瓦莱丽从一个天真快乐的少女，变成了一个害羞又沉默的可怜虫。这全是学校里的一群恶女害的。瓦莱丽说："那简直就是真人版的迪士尼电影，每天早上她们都会在置物柜旁堵我准备看好戏，我一打开置物柜的门，就会有一堆小纸条掉出来，上面全都写着我不该来上学。"

一开始瓦莱丽非常难过："她们骂我是个哑巴。"

直到有一天，瓦莱丽看到有个男生也在他的置物柜旁遭到霸凌："当下我觉得自己好像从一场很长的午睡中醒来。我走向那个男生，并且对他说了一句话，那句话救了他也改变了我的人生。我对他说：'你不是个可有可无的人，我们一起共渡这个难关吧，我跟你是一国的。'他立刻哭了起来，他告诉我，他被霸凌好久了，现在终于有人过来对他说：嗨，我看到你被欺负，你不是隐形人。那些话鼓舞了他，并给了他继续活下去的新希望。这件事让我明白自己有多幸运，虽然我的处境也好不到哪里去，但至少我的社群给了我很大的支持。有些孩子却是在学校跟家中都饱受欺凌。这个男生点燃了我心中的一股火苗，我想要有所作为。我不想再任凭霸凌淹没我，我选择化悲愤为力量。那天放学回到家以后，我立刻上网搜寻如何打造网站的信息，然后坐在我家厨房的餐桌上，连续6小时埋头设计'认可计划'（The Validation Project）。"

当时才14岁的瓦莱丽，开始跟学校里有类似遭遇的孩子通过邮件互相加油打气，而她那个临时打造的小网站，也扩大成为全纽约被霸凌孩子聚集的据点。接着，全美各地的孩子也陆续参加了这个网站，最后连以色列、波兰、西班牙与乌干达的孩子都连上线了。

瓦莱丽说："每个人面对的挣扎不尽相同，有些人不喜欢自己的容貌，有些人是没办法上学，还有些人甚至没有家。但不论他们是为了什么原因而来，或是他们经历过什么样不堪的遭遇，有样东西是每个人都有的，那就是热情——那是让他们能够继续活下去，并且受到启发的东西。"

当初整件事是这样开始的：谷歌，一个网站，再加上无数的邮件。"认可计划"运行5年后，已发展成为一个全球性组织，通过独特的导师带领学生与社区服务方案，帮助全球105个国家的6 000名青少年，把热忱转化为正面的行动。

"认可计划"设计了一套宣扬行善的课程，协助教育者与学生合作，共同解决社交网络里的问题，目前在全球已有超过1 000所学校教授这套课程。瓦莱丽曾应邀到白宫演讲，并在奥巴马总统任内担任国务院的亲善大使。当初瓦莱丽只是想替自己以及其他需要获得他人认同的人找到答案，但最后却做出了让这个世界变得更安全的不凡成就。

本章
回顾

没有人可以肆意伤害、羞辱或骚扰你，如果你向某人求助，而对方并没有采取任何行动帮助你，你就再找别人，直到有人愿意倾听并对你伸出援手！尽管我们无法控制霸凌者的行为，不论对方是爸妈、孩童、同事、陌生人还是邻居，但是我们可以选择要在哪里打拼。我知道这些建议听起来并不容易：你要避开那些欺负人的坏家伙，把全部精力投注在你喜欢的事物上，像是你最爱的活动，或是担任志愿者。但有的时候，即便我们处于人生最黑暗的时期，也还是可以选择不被负面能量打倒，并专注于正面的事务。如果你想要变得勇敢积极，请记得：

- 当个勇于挺身对抗恶人的正义之士。
- 检视你正在延续下去的文化。
- 每天都要发挥同理心。
- 关心学校或职场里的新人。
- 把你或任何人遭到霸凌的经过仔细记录下来。
- 跟你信任的人讨论，该如何解决霸凌问题。

当你遇到困境并且看似无计可施时，你仍要尽最大的努力，设法把心思放在人生中的美好事物上。如果你被骚扰或受到歧视，我希望你知道该向哪些资源求助，所以我们将在下一章中检视各种不同的法律，并通过一个模拟的职场情境样本，来帮助各位了解你的权益。

第八章 捍卫自己的职场权益

> 你下班后跟朋友聚会，一见面，她们就问你最近好吗。因为大家都觉得你最近怪怪的，好像变了个人似的。你跟她们说你只是有点累，但真正的原因是你的主管居然想吻你！这种事你怎么说得出口？她们会相信你吗？搞不好她们还认为是你的错呢！最后你发了大伙一起举杯的照片，所以一切看来依旧如常。# 女生的夜间聚会 #

造成一个人对工作心生不满的原因可能有很多，就连看到别人发在网络上的生活照时，都有可能让你联想起自己的工作状态有多糟。但如果你在职场遭到骚扰，我希望你知道如何维护自己的权益；因为在一个安全的职场里安心工作，就是你应该享有的权益。

席卷全球的"MeToo"运动，让许多女演员与女性运动员，全都勇敢地站出来控诉她们曾经遭受的霸凌与性骚扰；还有许多人则是通过社交媒体来分享她们的相同遭遇，或许你也是其中一员。一向热心公共事务的女演员阿莱西娅·雷纳（Alysia Reiner），这回当然也没缺席，她与数百位名人一起支持"反性侵"运动（Time's Up

Movement，www.timesupnow.com），全力推动职场安全与就业平等。她指出："我们提倡的第一个行动是成立法律辩护基金会，不到1个月就募到了2 000多万美元的捐款。凡是在职场上遭到性骚扰的女性和男性，都能获得免费的法律咨询，而且不限于好莱坞。任何人只要遇到性骚扰，不论你是农民、饭店员工、会计师、保洁人员还是银行职员都可以申请。"

阿莱西娅表示，这个活动与她有切身的关系，因为那些 MeToo 的故事与头条新闻，让她想起过去曾经历的不愉快待遇："我曾多次陷入极度危险的处境，险些就被强暴了，但我的反应却是不断地责怪自己。"因此她热心奔走，积极投入，希望帮助受害者得到他们需要的疗伤空间，并提供他们讨回公道的必要工具："参与这项运动，其实有助于我疗愈伤痛。对于那些不公不义的事，我不太喜欢光用嘴巴说——我喜欢立刻采取行动改变它们。我们可以把握此刻的民意，顺势做出大刀阔斧的改变。"

但是对有些人来说，他们只能从很小的地方一点一滴地开始改变。如果你觉得你在职场遭到骚扰或歧视，你要告诉自己，弄清楚你该采取哪些措施，来改变你的现状。

了解你的权利

姑且不论其他状况，在一个安全的地方工作乃是你的权利。但遗憾的是，那并不表示你不会遇到猪头同事、领班或经理。这种人会把你们整组人（不单单是你个人）工作的地方，变得充满敌意，令人胆战心惊。

专门处理劳动争议的律师汤姆·史毕格（Tom Spiggle）指出："那种脾气很差、总是对员工大声咆哮满口脏话的主管，就是一个违反公平就业机会的混蛋。"原本担任联邦检察官的史毕格离职后自行创业，成立了史毕格律师事务所，专门承接性骚扰、不法终止雇佣关系，以及歧视孕妇与照顾者之类的案件。史毕格指出，尽管跟王八蛋共事令人很不愉快，"但是在某个前提下，那个浑球的行为，必须是对 1964 年《民权法案》的第七章（以下简称"民七"）所称的'受保护阶层（Protected Class）'做出违法行为，你的骚扰案才能成立；比方说，年龄与身体残障就不在'民七'的保护范围内，年龄是在就业法案的年龄歧视规定中受到保护，而身体残障者则是在美国残疾人士法案中受到保护"。

我请史毕格逐一解释各种类型的受保护阶层，如果各位想要了解你的遭遇是否符合被骚扰的定义，请参考表 8-1 的"职场骚扰评估表"中详细的分类。

史毕格指出，如果其中任何一个问题的答案你勾选了"是"，你可能就有了一个能够向法院提告的法律诉求，你应该找一位律师咨询，以确保你自己的权益。

"请注意，虽然'民七'可能有提到婚姻状态，例如某位雇主只解雇未婚生子的女性员工，对于男性员工就不会这么做，但是政治立场及婚姻状态并非直接受到'民七'的保护；不过有很多州，甚至是地方的法规，都把因政治立场与婚姻状态而产生的歧视与骚扰视为违法。"所以史毕格才会建议各位要找律师咨询。

我在撰写本书期间，原本就预期会有很多人遇到过糟糕的约会、经历过友谊生变，或是不喜欢现在这份工作。但我没想到会有那么多人（包括男性和女性）觉得自己在职场上孤立无援，或是非常害怕他们的雇主。接受访问的人大多数都认为，向人事部门举报根本没用，因为他们无法信任人事，或是害怕遭到报复。另外还有一些案例，则是公司规模太小，根本没有人事部门，所以员工只能自己想办法自求多福了。

当你遇到职场问题时,你会有哪些选择呢?

表 8-1 职场骚扰评估表

回答下列问题,并在是或否的栏位中打钩:

	是	否
1. 某人因为你的种族而骚扰你?	☐	☐
2. 某人因为你的原始国籍而骚扰你?	☐	☐
3. 某人因为你的政治信仰而骚扰你?	☐	☐
4. 某人因为你的宗教信仰而骚扰你?	☐	☐
5. 某人因为你的性别而骚扰你?	☐	☐
6. 某人因为你的性别认同而骚扰你?	☐	☐
7. 某人因为你的性别取向而骚扰你?	☐	☐
8. 某人因为你的年龄而骚扰你?	☐	☐
9. 某人因为你的身体或心理残疾而骚扰你?	☐	☐
10. 某人因为你的婚姻状态而骚扰你?	☐	☐
11. 某人因为你的兵役状态而骚扰你?	☐	☐
12. 某人因为你举报违法行为而骚扰你?	☐	☐

▷ **拒绝不当碰触**

史毕格提醒大家要注意,除了上述所列举的骚扰与歧视类型外,不当触碰属于另外一个范畴的申诉。他指出:"不当触碰被归类于攻击和殴打,已经属于必须向警方报案的犯罪行为。"而且这也是你可以向法院提起民事诉讼的行为基础。史毕格建议，当你在职场中遭到不当触碰时，请你尽快向律师咨询。

如何举报职场上的霸凌与骚扰行为

史毕格指出，虽然公平就业机会委员会（The Equal Employment Opportunity Commission）是负责执行"民七"的联邦机构，但你的案子能否成立，有一部分取决于你住在哪个州，因为美国各州对于工作环境是否充满敌意的判例法（case law）并不一致。由于联邦法律并未对职场的霸凌与骚扰做出区分，所以你必须详阅你那个州的反霸凌与反骚扰法律，来了解你享有的权利。史毕格解释，反霸凌通常只适用于学校或是跟学校有关的场合，尽管如此，如果你不确定或是不知道如何采取适当的策略，让自己熟悉反霸凌与反骚扰法律，对你还是有帮助的。史毕格表示："例如华盛顿的人权法案涵盖各式各样的职场举止，因此，在华盛顿上班的员工所享有的法律保护，甚至优于联邦的法律保护。"

要是你不确定你是否属于所谓的受保护阶层，且可能已经遭到骚扰或歧视，不妨参考史毕格提出的建议：

1. 做记录。一定要准备一张清单，列举发生了什么事、在哪里发生、涉及的人物有谁以及何时发生。记下有谁目击，并留下跟案子有关的所有纸质或电子记录（邮件、信息、照片）。
2. 查询公司的手册或雇主的行为准则。了解你所在的公司提到了哪些行为是很重要的，这样你至少知道了某人的行为是否已经违反公司的规定。
3. 拨打公司热线电话。你若想举报你的工作环境有敌意，或是提出职场骚扰的申诉，可以通过公司的免费电话或是其他举报骚扰的渠道进行举报。举报的机制通常可以在公司手册或类似的指南中找到。

4. 保护自己不被报复。如果你在员工人数超过15人的公司工作，你可以直接找上做决策的人——或是你以书面提出申诉——指出："我相信我是因某个受保护阶层而遭到骚扰……"你或许就可以受到法律保护而免遭报复。虽然你所受到的对待并未被视为骚扰，但你举报的行为仍旧受到法律的保护。如果你在一家员工人数不到15人的公司上班，你有可能无法适用此保护，所以你必须查询你住的那一个州的法律，或是请教律师。如果你想找一位专门代表员工的律师，不妨从全国就业律师协会着手，或是请你们所在地的律师协会推荐适当的人选，这也会是一种比较符合成本效率的做法。

5. 要留意向公平就业机会委员会提出申诉的时效。如果你想向公平就业机会委员会提出申诉，你必须在一段时间内进行，如果超过那个期限，你有可能失去受联邦法律保护的权利，而永远无法再提出诉讼。公平就业机会委员会的网站上有许多资源，你也可以打电话给你们当地的公平就业机会委员会办公室，询问你有多长时间可以举报以及提出申诉。现在各位可以通过所谓的5号表格（Form 5）上网提出控诉。很多县市都设有民权办公室，如果你打电话找他们，说不定更有可能找到人受理。如果你是向州或地方层级提出，他们可能会使用跟公平就业机会委员会一样的表格，且与公平就业机会委员会交叉立案（cross-file），所以你最好确认你在所有单位都立了案。

许多人在挺身而出对抗职场霸凌后发现，霸凌行为变得更加严重了，或甚至因此而丢掉了工作。史毕格就此指出："有时候人事并没有制止这种行为的政治本钱，有的人事则是直接跳出来保护公司；所以挺身对抗霸凌需要很大的勇气和毅力，但如果你有个律师在背后替你撑腰，那你的公司可能就会成为做出正确决定的那十分之一的企业。但如果公司不想做出正确决定，那你有权要求离职。如果你即将离职，你的雇主或许会付你一笔钱，并要你签下一份保密协议，确认你不会说公司的坏话，而他们也不会说你的坏话。你还可以跟公司谈判，你未来的雇主如果打电话到旧东家查证时，该由谁跟对方说明你的情况以及该说些什么。"由于上法院兹事体大，所以你应该知道你全部的选项，这样你才知道采取哪种行动对你最有利。

遇到烂主管该怎么办？

职场霸凌协会（Workplace Bullying Institute）在 2017 年做过一项调查，19% 的受访者表示，他们曾在职场上遭遇过霸凌，还有 19% 的受访者表示他们曾目击别人遭到霸凌。该项调查还发现，61% 的霸凌者是主管。虽然我们大多数人都看过各项研究，显示在烂主管手下做事，会使我们健康出状况的概率增加；不过根据专门提供情绪智商相关产品与服务的 TalentSmart 公司指出，在烂主管手下做事的人，超过半数继续留职；27% 的人，在找到新工作后立刻离职；只有 11% 的人还没找到新工作就离职了。我曾就本章内容采访了许多人，综合大家的意见，我归纳出烂主管至少具有以下其中一项特质：

1. 坏心眼
2. 无能
3. 好斗

4. 贪财
5. 虚情假意地与下属称兄道弟
6. 管太多
7. 言行失当

如果你不幸遇上其中一种烂主管，你知道该怎么办吗？以下我们就来详细检视各种典型的烂主管，并提供一些如何跟他们在职场上相处的有用建议。

坏心眼的自大狂

烂主管的类型与邪恶程度不一而足。当我在脸书上请大家分享他们遇到的烂主管的故事时，罗伯是第一个来回应的人。以下内容是罗伯本人所写的：

我曾经在一家高等教育公司任职，我的主管是个技巧高超的操纵者，他唯一在意的事，就是如何让自己更上一层楼——即便要牺牲他的团队也在所不惜。大家绝对无法想象，每天看着这个人渣以羞辱别人为乐并且刻薄待人，那种提心吊胆的感觉有多可怕。他会在众人面前把你踩在脚下，让你背黑锅，他自己则从来不负任何责任。他会把我们填写在人事资料上的私人信息告诉每个人，而且会偏袒某些人。成为他的爱将也未必是件好事，因为他会让大家互相攻击，然后说"有人告诉我，是你说了这些话。"，或"有只小鸟告诉我，是你说了那些话……"。他不仅会在大庭广众之下羞辱人，指责你的工作表现不佳，还会对你的私生活与私人关系指指点点。他曾经嘲笑一位吃素的同事，笑他周末的休闲居然是去爬山；他也曾嘲笑另外一位同事跟女友分手；甚至还对一位已婚的女同事说"你都已经结婚了，应该不愁吃穿，干吗不好好待在家里，还要出来工作？"。我们公司的同事都很胆小怕事，所以大家只是敢怒却不敢言。我们团队里的人大都觉得主管真的很会利用人，他想要讨人喜欢的时候，真的是很迷人。他绝对是我见过最会操控人心的家伙，前一分钟会带着点心跟你关上门在房间里密谈，但下一分钟却在所有人面前把你批评得一文不值。他会请我们去听音乐会或吃大餐，但他也会在你毫无预期的情况下，用他掌握的把柄要挟你。我以前曾经把他当成朋友，但是他迟迟抓不到我的小辫子，最后我没上他的当，毕竟我又不是刚出社会的菜鸟。我实在很想打电话给首席执行官（但他镇守在别的州），告诉他这个办公室里的状况。不过他们一定查得出来电话是我打的，到时候我的主管一定不会放过我，我的日子可就很难过了。虽然我自诩很有识人之明，但是这个主管真的让我看走眼了。最后我离职了，我高兴得不得了。后来我辗转听说大多数同事也都纷纷离职了。

罗伯说他在那段痛苦的时间里，学到了一些有用的教训。如果各位不幸也遇上了一个自大狂主管，他提供了这些意见给各位参考：

- 你没疯，而且那不是你的错。
- 虽然你很喜欢这份工作或是你的同事们，但有时候最好的解决办法就是离职。
- 如果你因为财务问题而无法立刻离职，找到新工作后就赶快离职吧。
- 你要不断提醒自己，你是个好人，也是个好员工，在离职前，在职场里找到你的支援系统。

▷ **史毕格的对策**

罗伯有提出申诉吗？他提到的那些情况，多半不可能在法庭上赢得胜诉。他的主管的确是个混蛋，但在大多数情况下，即便是位行事正派的主管，都有可能出现情绪化的时候。对那位已婚的女同事说她一定很有钱，干吗不待在家里偏要出来工作，发表这种带有性别刻板印象的歧视性言论，的确违反了"民七"的规定。如果这个主管在发表这番言论之后，还把她降级，那就可以当成是提起诉讼的基础。如果罗伯因为替她仗义执言也被处罚，那么就连罗伯都可以提告了。如果她被降级，而罗伯写邮件向首席执行官告状，说他认为这位女同事是因为歧视而被处罚，那么罗伯可能也会受到联邦法律的保护，得以不受雇主报复。

无能的主管

替一位不够格担任其职位的人做事真的很痛苦。以下是莉安所分享的经验：

我在一家律师事务所工作，我们的执行董事离职了。在他离职之前，我们虽然是一家只有6名律师的小型事务所，但工作环境很棒。可是接替他的那位新主管进来时，却是一副像是来抢救沉船的样子，我们所有人都搞不懂，她为何要如此坚决地做出那么多改变。但董事会很支持她，所以她上任的第一周就解雇了3名女性员工，她甚至停掉了我们正在研发的扶贫计划。后来我们才慢慢地搞清楚，她之所以这样胡作非为是因为她从未当过主管，所以相对很没安全感。之后她把我们原本正在进行的一些很棒的计划喊停。她没把我们当成是帮助她管理公司的资源，反而视为是对她个人权威的威胁。她根本不想知道哪些计划是有用的，哪些计划应当改变。

　　现在事务所的处境相当令人担忧，因为她犯了很多错，她经常拼错法官、律师以及法院的名字，而且被纠正后还会不高兴，有次甚至寄出了里头有1个拼字错误的信函，数量还高达1 500份！我们尽一切力量更正错误，是因为我们都不想丢脸。而且她很不喜欢有人休假，在有人休假后回来上班的第一天，她几乎都拉着脸不理对方。

　　我很爱我的工作，从来没打算要离职，所以当她在同一天把我跟另外2位同事一起开除时，我非常意外。我现在非常后悔，我觉得我们应该在她到职满1个月的时候，就去找董事会并且说出我们的担忧。我想应该是她的职位不是很容易找到人顶替，所以董事会才一直忍耐迁就她。再者，董事会是由一群志愿者组成的，所以他们会尽全力避免再找新的人来。虽然她非常擅于聘用律师以及找人参加活动，但她的能力也就只有这样了。

　　莉安表示，在无能的主管手下做事时，你一定要懂得保护自己，并仔细思考你所有的选择，才不会被工作的乱流灭顶。以下是莉安的建议：

- 把发生的事情全部写下来。
- 别以为你的想法或作为在道德上是正确的，事情就会对你有利。
- 尽力找工作，记得把必要的东西做好备份，并把你的履历表、招聘网站的个人资料都更新。做这些安排是因为你不知道此人何时会采取不合理的决定，要求你离职；又或者是最后你终于忍无可忍，决定辞职。

▷ **史毕格的对策**

莉安可能是对的，没有比提起诉讼更强的做法了。这是一家员工不到15人的小事务所，那是可以受到大多数联邦反歧视法保护的最低门槛。如果莉安是找我咨询，我会想知道她是在哪个州工作。比方说如果是在华盛顿，她就会受到华盛顿人权法案的保护；如果是在弗吉尼亚州，可就没那么好运了。假设反歧视法能够适用，我想知道被那位新来的主管解雇的员工是否多数都是女性，虽然莉安的主管本身也是女性，但这并不代表她就能因为这个身份，而躲过歧视其他女性的牢狱之灾。

好斗的主管

很多人都谈到他们的主管脾气很差，有些是偶尔大发雷霆，有些则是时时刻刻像吃了火药。不论你活到多少岁，看到有人怒气冲冲的，你还是会被吓到，像辛蒂就真的因此而健康受损。以下就是辛蒂的故事：

我在一个非营利组织工作，我的主管很喜欢让同事互相攻击，并要求同职级的同事互相评论对方。他经常用讲笑话的方式来发表挖苦人的言论，但是没人会向人事投诉，因为我们知道那根本没用。我们办公室里的人很爱闲聊，要是你去向人事投诉，人事就会打电话给每个人，结果大家都会知道你说了什么，根本毫无匿名性可言。而且我的主管非常好斗，他总是在众人面前跟人抬杠，并且斥责他们。在他身边工作令我非常焦虑，因为我不知道他什么时候会找我麻烦。随着我年龄渐长，我成了大家的心理医生，以及主管跟团队里其他人之间的缓冲器。我经常告诉那些比较年轻的员工说："其实他想表达的意思是……"因为他们年纪还小，不大懂得如何跟这种行事没有分寸、为所欲为的人相处。

辛蒂指出，如果你是在一位好斗的主管手下做事，那么你要鼓起勇气振作起来，并且写下笔记。这是非常重要的，而且最好还要做到以下的事：

- 非营利组织对某些人来说可能很难适应，因为它的运营并不像企业组织，你必须为自己打造强大的心理界限。并且把每件事都记录下来。
- 你必须每天提醒自己："这件事并不是针对我，因为很有可能在我离开的那1分钟，这名主管就会用同样的方式对待接替我的人。"
- 如果你有方法能够抓到主管的好斗行为，就用它来说明你所处的职场状况。

▷ **史毕格的对策**

这个案子同样也很难成立诉讼案，主管的行为顶多只能算是个人情绪管控不佳以及个人行为不够成熟。不过辛蒂的处境对于如何运用法律保护你的职场权益仍旧是值得参考的。

首先，想请人事保护员工免受主管的欺负，恐怕是缘木求鱼。正因如此，那些来事务所请我帮他们讨公道的人，只要我认为当中的确涉及不法行为时，我都会要他们赶紧为自己找一个强大的法律庇护，并且举报非法行为。这么一来，如果公司打算告员工时，我的当事人就可以提起另外一个申诉——遭到报复。就算你完全不打算提起诉讼，最好还是准备一个以上的备用方案，这样你才会有更大的谈判筹码。

其次，辛蒂提到她因工作产生了焦虑，这是很重要的。《美国残疾人法案》涵盖了暂时性的抑郁或焦虑。如果辛蒂曾在临床上诊断出有焦虑失调的症状（即便只是暂时的），而且辛蒂告知了人事，然后被开除了，那么她就可以依据《美国残疾人法案》提起诉讼或威胁要提起诉讼，以便争取给资离职。

公平就业机会委员会也负责执行《美国残疾人法案》，它的网站上有一些很棒的信息；请记住，这种案件跟其他类型的联邦歧视申诉案一样，你必须在最后一个歧视行为发生后的180天或300天内（具体看你居住的州的规定），向公平就业机会委员会提出控诉——这是个不需费用的简单程序。

贪财的主管

大家都知道主管必须担心公司的财务状况，但是卢卡斯的主管，却会为了获得更好的财务表现，不惜牺牲自己的员工：

我在一家小公司里担任全国业务主任。我们公司从一开始只有13个人，逐渐扩增至50人。我很爱我们公司这个品牌还有公司里的大多数人，而且非常尊敬我们的首席执行官与创办人。但是她忠诚过了头，她原本在一家出版公司工作，并利用闲暇时间在自家的厨房餐桌上做设计。后来她离职自创婴儿用品公司，还带着之前的助理一起离开，并让他担任首席运营官。此人完全没有商业经验，也从未带过人。虽然她嘴巴上说"我知道大家都不喜欢他，而且他很糟"，但是她却给他很大的权限为所欲为。我们是个合作无间的团队，所以我们都会在必要的时候替他收拾烂摊子。我甚至曾在他开会的时候替他遛狗，但他从来不曾向我道谢，他就是这种人。

由于情况真的太糟糕了，所以我们的首席执行官特别请来一位顾问，于是我便提到这位运营官对待团队的态度有多恶劣。虽然他几乎被公司里的每个人批评得体无完肤，但没想到最后却只有我因为说实话而遭到严惩。我很后悔当初没请首席执行官把她的口头承诺书面记录下来。

之前她曾一再向我保证，我完全不必担心任何事，等她把公司卖掉后，她一定会"照顾我"。我替这家公司赚取了数百万美元的收入，但是在她卖掉公司之后，其他人都拿到了一笔钱，而我却连一毛钱都没拿到，害我气得胃痛了半个月。我一直等着好事发生，却什么都没有，我完全不晓得她这么自私且是非不分。

卢卡斯说，他从这件事学到的教训是，虽然你没了工作也没拿到半毛应得的钱，但是人生并不会这样就结束了。他还提出以下的建议：

- 别让金钱绑架你，或是成为你害怕被解雇的原因；只要你的银行存款足以支付半年的生活费，你就可以开始找新工作了。
- 不要"有工作就去"，应等待你真正想要的工作。
- 每件事都要记录下来！内部对话尤其要如此，而且要把你们说过的内容摘录要点后以邮件持续关注此事。这并非失礼之举，而是负责任且保护自身权益的行为。

▷ **史毕格的对策**

很遗憾，本案例中的受害人无法采取法律行动，你不可能拿"我会照顾你"之类的承诺，来控诉主管侵占了你的利益，因为没有白纸黑字的口头承诺是不能算数的。

虚情假意地与下属称兄道弟的主管

大多数人进入职场工作时，都希望主管会喜欢、赏识自己。能获得主管的敬重与支持，不仅会让我们觉得很开心，而且会觉得工作比较有保障（虽然根本没这回事）。如果主管不喜欢你时，那情况可就尴尬了，但如果主管是因为你不跟他当"兄弟或闺蜜"而不喜欢你，那真的很奇怪了。以下是布雷克分享的故事：

我一进新闻编辑室工作，就知道我的主管会让我的日子很难过。因为大多数人都没接受过她曾受过的训练，所以每个人都很崇拜她，于是她觉得自己很棒而且才华横溢。全办公室里就数我最有经验，所以我无法理解她为什么对我比较苛刻。她总是批评我的作品，而且还要求我重做我被分派到的任务，尽管明明其他的上级主管都认为我做得很棒。更糟的是她跟同事们经常聚会，但由于我不跟她一起去喝酒玩乐，我在办公室的地位就更低了。

雇用她的上级要求我们每个人写一份不具名的评鉴，好让他能评量她的工作表现。我照他的指示写好信，并且印出来放到他的信箱里。我之前就认识此人，而且曾跟他共事多年。他把我叫到他的办公室，并且告诉我，他不敢相信我所写的内容，而且他认为我已经不是当初他所认识的那个人了，因为我写的内容很恶毒。我完全傻眼了，因为我在信中根本没有严词批评她，我只是如实陈述我的感受。最后我另谋他职，并且很高兴自己脱离了那个环境。

在办公室里有朋友是很棒的一件事，但如果那位朋友同时也是你的主管，情况就会比较棘手。以下是布雷克跟大家分享的他从这件事中学到的教训，希望给各位参考：

- 有时候你必须配合大家玩游戏,并出席节日派对、生日派对或送别派对之类的职场活动。不过你千万不要为了获得一份工作,而做出任何让自己不舒服的事。如果你觉得你为了工作必须在安全、道德、价值观或伦理上有所妥协,我劝你另谋高就。
- 当主管要你提出诚实的意见时,你必须准备好对你所说的话负责。如果你不想惹麻烦,那就少说为妙。如果你相信你自己的感受,并且想要分享这些观点,那就相信你的直觉,说出你必须讲的话。不过你也要做好面对各种后果的心理准备。

▷ **史毕格的对策**

哎呀,这听起来真是个很糟糕的体验,但是布雷克的主管并没有涉及违法。主管偏爱那些下班后跟自己一起厮混的下属,顶多只能算是管理不善,但并不违法。不过如果主管下班后只偏好跟某一种下属——例如只跟男性员工或是没有小孩的员工——一起厮混,那就可能有事了。

还有,如果主管因为你拒绝嗑药而开除你,那就可能涉及不当解雇,因为她是为了你拒绝跟她一起从事非法行为而解雇你。不过这些申诉通常适用州法,而非触犯联邦法律。

管太多的主管

有些管太多的主管其实在工作表现上是很棒的,因为他们很注意细节,但在其他方面可能很令人头痛,因为他们会为了展现"官威"而仔细审查每个人的工作。以大卫为例,他的主管就是那种事必躬亲才能放心的人:

我在一个最糟糕的环境中工作，有一堆紧迫盯人的主管。有个主管以"微观管理"（Micromanagement）而闻名，她会像只老鹰似的在每个员工头上盘旋。当她过来确认我的工作进度时，她会站在我的椅子后方，并且按摩我的肩膀。我曾多次跟她说，那会让我很不自在，我一个身高超过190厘米、体重破两百斤的堂堂男子汉，却觉得无计可施。她甚至表示我慢慢就会习惯的，但我从来不曾习惯。我们公司没有人事部门可以投诉，因为曾经担任过人事部门主管的人，正是我们首席执行官的太太，所以我们没有人可以诉苦。当我把事情告诉首席执行官，我问他我们的谈话是否可以保密时，他竟回答我说不行。

最后那位主管终于因为某个疏忽被公司开除了，她却把事情怪到我头上。我从这件事学到的最大教训，就是如何当个称职的主管与管理者，以及绝对不可以对下属做哪些不当行为。不过最后我也离开那家公司了。

微观管理常会令员工觉得自己好像一直用错误的方法做事（但你知道你的方法其实是对的）。大卫提醒大家，碰到管太多的微观管理型主管，你必须学会自我关怀，以及做到以下事情：

- 专心做好你手上的事，因为那才是真正重要的。
- 当你的工作环境危及你的心理健康时，你必须做出改变，你可能觉得换工作很可怕，但你必须做好随时离职的准备。

▷ **史毕格的对策**

我们几乎找不到任何一种状况，能够认同主管站在下属的背后，并且按摩他的肩膀，况且下属已经明白表示他不想被触碰。此举不仅可能成为敌意工作环境的申诉基准，而且也可能符合民事或刑事的

"攻击与殴打"的控诉基标准。

各位可以从这个案例学到以下几件事,首先,性骚扰法律同样适用于男性和女性,意思就是说,女性骚扰男性也是违法的。

其次,性骚扰通常与身材差异无关——尽管大卫的体形比主管壮很多,但他仍然是被骚扰者。例如根据联邦法律的标准,涉及"性"的不当行为,若情节严重或具有普遍性,那么做出骚扰行为的人,体形是否比较娇小,是无关紧要的。

再者,不当触碰在大多数州触犯了伤害与殴打的法律;当然,并不是每种不当触碰都会造成警察前来逮捕。但是本案例中的主管,在大卫明确要求她停止后,却还继续帮他按摩。她不仅忽略他的要求,而且还告诉大卫"以后就会习惯了",这可不行!

关于伤害与殴打的法律,还有一件要记住的事就是,它们通常适用于所有的员工,与公司的规模大小无关。所以即便本案的员工数不到15人,虽然不适用联邦的性骚扰法律,但仍适用各州的伤害与殴打法律。

最后一点,本案并不清楚大卫是否因为举报主管的行为而遭到报复,但如果他在举报她的不当触碰之后遭到降级或解雇,他可能可以另外再提告雇主报复。

如果我是大卫前公司的法律顾问,大卫的故事会令我吓出一身冷汗。

言行失当的主管

你或许会遇到一位坚持要在你的办公桌梳头并留下一堆头发的主管,或是只要心情一烦就开始剪指甲的主管,这两种行为都很恶心且令人生气。请看艾利克分享的故事:

我的主管很爱脱鞋子，但她明明有严重的脚臭。最糟的是，我们两人的办公桌是面对面的，而她却总是把鞋子脱下来并且从来不穿袜子。我知道她让脚臭弥漫整个办公室的行为虽然没犯法，但这却让我感到极度的不舒服。

虽然你不一定会因为同事光脚或是其他令人不舒服的行为而离职，但这些行为的确会让你上班时非常不开心。如果你遇到一位行为不恰当的主管，例如卫生习惯不佳，或是爱讲无聊的冷笑话或黄色笑话而令你不舒服，或是其他令你处于各种尴尬的场景，艾利克建议各位不妨这么做：

- 如果你可以另谋高就，赶快行动吧。
- 如果你无法离职，不妨考虑向主管的主管举报。

▷ **史毕格的对策**

没错，艾利克说得很对。上述行为虽不违法，但是令人作呕！不过值得注意的是，在某些个案中，不安全的职场状况有可能违反职业安全与健康管理局的法规，所以当事人可以向该局或其所在州的同级单位举报，不过脚臭恐怕不算在内。

集各种缺点于一身的主管

如果你的主管很刻薄，那很难熬；如果你的主管瞧不起你，那很难受；如果你的主管总是向你献殷勤或说些不恰当的言论，或想要跟你称兄道弟，我很同情你。但如果你跟克利斯一样，遇到了一位兼具以上所有恶劣行为的主管，那你真的很倒霉：

我的公司里有一位既刻薄又无能，而且贪财又爱管东管西的主管，但有时候却会突然跟你称兄道弟。他会摆出什么样的嘴脸，全看他这个星期或这一天的盘算而定。他知道我会焦虑，便借机嘲笑我。

有一天他看到我在泡茶，就问我是不是在泡洋甘菊茶，好让我的焦虑平静下来，还假装好心地建议我要喝两杯，因为只喝一杯恐怕不够。对于嘲笑我心理疾病的人我会很反感，因为我认为我的焦虑其实对我是有帮助的，它让我认真仔细地做好我的工作。况且它又没碍着别人，跟他有什么关系？

又有一天，他一进办公室，看到我在闻一个小瓶子里的薰衣草，那是我拿来放松心情用的，他竟然当着全办公室人的面，大声嚷着："那是什么鬼东西？是吸入剂吗？"大家都知道所谓的吸入剂是男生用来助性的一种情趣用药。虽然那句话相当挑衅，但可能因为我们都是男人，而且办公室里有很多男生，所以他才敢这样大放厥词，而且也没有人提出抗议。

我爱我们公司的理念，所以我并不想辞职，因为我们公司的人事重视公司胜过员工，所以我也没打算向人事投诉。

我直接跟我主管说，我们必须好好谈一谈，并说明我觉得这里缺少一个支持系统。

虽然我有留意不要发脾气或是不尊重对方，但是他却非常好斗，而且每当我向他表达我的感受时，他就痛斥我："闭上你的鸟嘴！说些什么鬼话？"不过至少我做了我该做的。

除此之外，他即使是在赞美人的时候也总是不拿捏分寸，还会说话不算话。有时候他会把我们捧上天，但下个星期又把我们打入地狱。他还会趁着季末我们心情紧张时，利用我们忐忑不安的情绪来达到他的目的。

克利斯指出："只要我把工作做得好并且获得成功，那些成绩都会显示在我的履历表上，所以对我来说，那才是我在乎的。"如果你的情况也是那么糟，克利斯建议你：

- 可以跟你信任的同事聊聊这个问题，不过不要八卦。
- 看看是否有其他人跟你有相同的感受，以确认不是你过度敏感，小题大做。
- 跟公司以外的人聊聊，并且听取他们的建议，看看其他人面对这种情形会建议你该如何应对。
- 如果此事对你造成了负面的影响，请仔细评估自己的状态，选择是否需要另谋高就，否则就坚持下去。

▷ **史毕格的对策**

我能理解克利斯不想离开这家公司，而且他也很清楚，向公司举报主管的任何不当行为，并不可能改变公司的立场或改变他面临的遭遇。不过根据公司的规模，克利斯或许可以因为他的焦虑，而受到《美国残疾人法案》的保护。

这类案件成立的最大障碍，往往在于员工要证明雇主知道自己的身心障碍状况，但克利斯的主管显然是知情的，而且显然因为他的焦虑而对他有不同的对待。如果主管把克利斯开除或降职，克利斯就该找律师，并依据《美国残疾人法案》提起诉讼。

另外一个议题则是，发生在克利斯身上的事情，是因性别而产生的敌意工作环境；他的主管提到了吸入剂——对克利斯而言——具有一种性的含义。

要让性骚扰案成立，伤害者的行为必须是严重的或普遍的，像这样的单一言论，多半是不构成性骚扰的，不过如果主管重复这样的行为，它就构成了普遍的性骚扰。

你有权在一个安全、无敌意且无歧视的环境中工作。如果你会因为别人随口问起你最近工作还好吗,就开始下意识地避免出席社交场合,或在看见其他人在社交媒体上晒出与工作相关的文章时就觉得反感,你就该趁这个时候好好想想,问题究竟出在哪里,并且想办法解决它。不妨先从弄清楚你享有哪些权利开始着手,不过那可能还不足以改变你的处境,所以你要问问自己:

- 我的遭遇可以提起法律诉讼吗?
- 我可以向谁倾诉此事以寻求支持或法律咨询?
- 我准备的资料足够吗?如果不够,开始梳理事件发生的顺序。
- 如果我是个老板,我该如何改善我的企业文化,以打造一个更安全的工作环境?

不论各位是为了什么原因而选择离开目前的职场,都可以在下一章中学到,如何找出你的热忱所在。

PART 4
让科技成为你打造个人品牌的利器
Building What Makes You Happiest

　　创业的各个阶段需留意不同的细节,并寻求专业人士的协助,随时检视财务规划是否完善;还有很重要的一点——学习如何妥善利用社交媒体,运用网络营销的技巧,找到合适的人为你的事业加分。

　　当你成为领导者后,别忘了和善待人,更别忘了好好照顾自己,全力照顾你的团队,为你自己以及员工打造一个体贴且友善的职场环境。

第九章 开启你的斜杠人生

> 朋友打电话约你周末聚餐，你回答她说你有事要忙，约她改天再见面。其实你只是想留在家里看《创业鲨鱼帮》（Shark Tank）节目，希望能获得一些创业的好点子。你还晒了一则关于成功的励志语录，看似要与大家共勉，其实你是在替自己加油打气。# 我每天都忙 #

如果有人给你 1 000 万元，你很可能会拿一部分出来创业，让一直盘旋在你脑里的点子上市。但除非你红运当头，否则怎么会有你随随便便就中个彩票，或是突然有陌生人送你 1 000 万这等好事发生。

其实要成为一名企业家的方法很多，或许你早就想过，在全职工作外做一些副业；说不定你现在已经开始经营副业，而且搞得有声有色。我将在本章跟各位聊一聊把副业转成主业的注意事项，提醒大家在辞去现职自行创业之前该考虑的一些问题，以及创业过程中可能发生的状况。

如果你已经坐拥某个赚钱的好点子，并且觉得行动的时候到了，那么请先准备好充裕的时间和精力。如果你有充沛的精力，可以同时做好一份全职工作，并（在上班前、下班后、周末及休假时）兼营副业，这样的做法会是最稳当的。如果你本来就没有全职工作，并且已经开始经营副业，这样当然也行得通。下两节我们就先来介绍两位采取不同路线的创业家。

从零开始创业

肖娜·李斯基（Shawna Lidsky）曾担任电视体育主播10年以上，但她察觉到地方媒体的浪潮开始改变了。有线电视频道越来越多，但工作却越来越没保障。她意识到等她成家之后，再继续做这份工作恐怕会很辛苦，因为体育活动多半在晚上或是周末举行。况且她希望有更多的休假与弹性，但是她们公司规定，必须工作满15年才能获得3周的年假。肖娜说这份工作在年轻的时候算是个不错的差事，但她不敢奢望能够一直做下去。

虽然肖娜之前只试过用厂商调配好的材料制作布朗尼蛋糕，但她认为如果能采用当地食材来制作，说不定会是门好生意："我很喜爱佛蒙特州的生活形态，希望能把这种风格展现在布朗尼上。"

▷ **如何兼顾正职与副业**

经营副业的最佳方法，就是把它融入你白天的工作中。因为你很难明确划分你现在所过的生活以及你想要过的那种生活，这时候只好发挥创意，既能测试你的新点子是否行得通，又能让正职工作维持现状。

肖娜的做法是，趁着不用上班的空当以及周末，试做各种口味的布朗尼。照理说像肖娜这样没有专业的烘焙经验，也没做过生意，而且平日还要从事一份累死人的正职工作的人，这条创业之路几乎注定要失败。但肖娜成功的关键在于，她没有妄想一步登天，而是脚踏实地一步一个脚印；她不是某天脑中灵光一闪，隔天便立刻辞去工作的冲动派。

她只是经常把她做的布朗尼蛋糕送给办公室的同事品尝，大家对免费的美食都很欢迎，并且纷纷发表"美食评论"，她便把这些反馈当成是重点目标群的看法。当肖娜因为电视台的预算吃紧而被辞退时，她必须做出决定：找下一份工作或是开店做生意——"佛蒙特布朗尼公司"便就此诞生了。

▷ 做生意前必须考虑的问题

肖娜说，在她正式创业之前，老早就想过这些问题，她建议各位也要这么做：

1. 我有足够的时间和资金吗？失业后的肖娜有大把的时间待在厨房里，但她没有很多钱。所以刚开始的时候，她连料理机都没买，而是由先生帮她做了一个搅拌器。不过肖娜可是练过的，并不建议大家效仿。
2. 对于我想做的事，做过功课或是向创业者请教过吗？肖娜坦承，因为她对自己的烘焙手艺极度没信心，所以一度想要放弃开店的念头。后来她拼命读了一堆关于创业的书，其中有一本书说，营销虽然看上去很难，但其实跟烘焙一样，是一项学了就会的技能，让她大为振奋。
3. 我能否应付过程中的高低起伏？肖娜遇到的情况是，店差一点就倒闭了。当时她广邀亲友到家中，试吃各种口味的布朗尼，并送给每个人一张半价的折价券。没想到有个女士把她的折价券给了先生，而他居然一口气订了高达 4 000 美元的甜点作为公司的礼品。当时肖娜的店才刚开张，根本没能力把 4 000 美元的货，以一半的价格 2 000 美元卖出去。而她的心情也从原本接到大单时的兴奋，瞬间变成担心店可能倒闭的愁苦，幸好最后她处理得当才逃过一劫。

4. 如果第一年都不拿薪水我能撑得下去吗？肖娜指出："你必须愿意牺牲掉你期盼日后赚回来的那些东西，钱也是其中之一。"因为除了你原本预期的支出之外，往往还会有一些意外的开销，所以你必须清楚掌握你会有哪些必要的开销，而且要做好心理准备，你恐怕不会很快就有进账。

5. 我愿意向更优秀的人讨教并与其共事吗？肖娜指出："在创业初期，你会遇到很多自己一窍不通的事。烘焙坊之所以能成功，要归功于许多营销专家与包装专家的协助。"

▷ **肖娜的建议**

肖娜的创业前期作业，除了测试不同口味的配方之外，也包含赶紧注册了她的公司名称，因为她的烘焙坊强调当地特色，所以公司名称一定要提到佛蒙特州。她还提醒大家，除了注册公司名称外，记得要准备一个网址以及名片。她鼓励大家：

- 多跟努力打拼的人来往。
- 记住天下无难事，只怕有心人，极少有问题是无法解决的，只要不闭门造车，你就能找出解决办法。
- 别再怨叹别人创业都好轻松，只有你做得最不顺！其实不管哪一种商业模式，都会出现它那一行特有的瑕疵。
- 别忘了转行真的很可怕（即便那明明是件好事）！

- 记住，勇敢迎向最艰难的挑战与机会，因为那通常能让你获得最丰厚的回报。

如何运用资源创业

肖娜拥有的创业优势是，她的副业不会跟正职直接冲突，所以她可以正大光明地测试她的创业点子，而不会惹恼她的主管。

但许多人是因为工作已经无法再让他成长，因而想要运用自己的专业来开创自己的事业。

请记住，你的主管未必乐于培养一个潜在的竞争者，这时候你往往必须发挥创意，偷偷发展你的副业。

艾丽卡·曼迪（Erica Mandy）在电视新闻界表现亮眼，还不到30岁便已经成功打下全美第二大新闻市场。不过在她达成职业生涯目标的几年后，她突然领悟到，下一个目标已经不再是她想要的——而且恐怕也不是她的观众想要的。因为她不断听到人们抱怨，现在的新闻让人觉得"忧心忡忡""立场偏颇"或"太花时间"。而她是唯一一个新闻主播，她能以轻松欢快的声音，播报值得信赖的新闻，且让观众能够快速方便地得知今天的要事。

由于艾丽卡与电视台签有合约，不得从事其他任何工作，所以想要在她的正职工作之外，制作新闻播客节目是不可行的。

如果各位也跟艾丽卡一样，不能在全职工作之外兼营副业，她建议各位不妨先做些研究，例如请教懂这一行的人、阅读博客、收听播客，甚至利用博客制作问卷调查，以便了解人们对你的点子有何看法。

当她完成上述这些步骤并且检视了她的财务状况之后，她决定给自己1年的时间逐梦。剩下来唯一的一件事，就是坐下来跟她的主管谈谈，并告知对方她要离职了。

▷ **辞去全职工作前，必须问自己的问题**

艾丽卡指出，在你提出辞职之前，你必须明白，不论你打算从事哪一行，你都会觉得不安、必须承担风险以及需要不断创新。"如果你正在考虑辞职走人，请你回想过去，并问你自己，那些不安的时刻令你产生了什么样的感受。它是一种能够帮助你迎接挑战的正向压力，还是令你觉得筋疲力尽？因为当你开创一份事业时，你可能会遇到来自四面八方的阻碍。"如果你觉得自己的心脏不够强大，没办法搭上这趟过山车，就不要贸然离开那朝九晚五的稳定工作，因为之后你将面对的，乃是不可知的蛮荒大地。

▷ **如何充满信心地推出新事业**

你可以利用你的社交才能，来帮忙培育你的副业，例如向你们那一行的前辈请教，或是向专业人员求助。艾丽卡在推出她自己的播客节目 The News Worthy（www.thenewsworthy.com）之前，曾咨询过会计师，评估她该成立小型企业股份公司还是有限责任公司。

她还通过一个叫作 99designs 的网站，来帮她设计初期的识别标志及封面。当然也别忘了你的朋友跟旧识，他们通常可以担任非正式的核心团体，从消费者的角度来提供反馈。艾丽卡还会在必要时向社交媒体求助："你一定要愿意主动告诉大家你推出播客了，别只跟你认识的人说，还要追踪潜在的关系，以及朋友的朋友。"

做好功课是创业成功的关键，研究、研究，再研究。艾丽卡是这么做的——研究她这一行里的关键人物。当初 The News Worthy 之所以能获得一款高人气的播客应用程序推介，就是从一个领英讯息开始的。

她主动向 5 个她通过领英找到的人发送消息，因为这 5 个人可能掌握了她能否获得推荐的决定权。

她并不认识他们，只是付费买 1 个月的领英高级账号来发信息给他们，结果其中一个人回应了。

大约 2 周之后，The News Worthy 顺利出现在那款应用程序中。拜此所赐，她的播客订阅数在推出的前两个月便一举增长了 6 倍，也让她获得了更多推荐所需的信誉。

最后一点，你要广建人脉，包括参加业界的活动、主动接触领英上的潜在客户、厂商及前辈，也别忘了支持其他同行。

艾丽卡积极出席大型研讨会，并且逢人便招呼寒暄，因此认识了业界里的一群支持者，这为她带来了许多交叉推广（cross-promotion）的机会，甚至是媒体报道。

采取上述所有行动给了艾丽卡信心，让她能顺利推广她的事业，并通过了创业所带来的高低起伏。

不过艾丽卡指出，让她白天如此用力冲刺、晚上能够安心入睡的最大功臣，则是她备妥了的一份稳当的财务计划。知道自己的储蓄足以应付 1 年的生活无虞，才让她得以毫无后顾之忧地承担创业的风险。

如果你现在已经了解了自己的财务状况，明白自己拥有好点子却没有钱该怎么办了吗？群众募资平台 iFundWomen 的创办人兼首席执行官凯伦·康恩（Karen Cahn），建议你办一个众筹活动。

女性专属的众筹平台

目前市面上有数个众筹平台，可供不同的项目使用，例如 GoFundMe 是个人公益众筹平台，Kickstarter 则是创意专案的众筹平台。而众筹指的则是，由项目创造者出面，向大众募集小额款项，来完成其目标的方式。

凯伦是在亲身经历了创业筹款的困难之后，决定为女性主导的创业以及小型企业，打造一个众筹平台。

"女性能从创投取得创业资金的比例仅有 2% 到 6%，而且大多数事业并不适合风险投资，它们需要的只是一笔小额种子资金，用来测试她们的创业点子是否有成功的机会，并证实她们的产品或服务的确有市场需求，避免浪费时间在一个根本行不通的商业点子上。"

就是这个洞见让曾经担任谷歌 YouTube 主管的凯伦，决定打造一个女性众筹平台，并在 2016 年 11 月创办 iFundWomen。

网站成立迄今，已向成千上万的群众，募集到了数百万美元的种子资金，帮助了数百位创业者，证明她们的产品或服务的确有市场需求，让她们能进一步发展她们的商业点子。

iFundWomen 除了帮忙女性募集创业资金之外，还为创业者提供免费的教学，教她们如何举办有效的众筹活动。它还有一个制片工作室，协助创业家制作众筹活动使用的视频，并加快视频推出的时程。

凯伦指出："做足功课且使用我们提供的教学工具的创业者，众筹到的资金会比一切自己来的创业者，多了 4.5 倍。"

iFundWomen 还设有加速器补助（Accelerator Pool），专门惠及那些捐款者皆为低收入的创业者："iFundWomen 是唯一一个由女性专为女性打造的群众募资平台，而且我们会把两成的标准收费利润，再投资于网站所举办的募资活动。"

不论你是向家人及朋友开口募资，还是选择参加一个线上的众筹活动，你都不会有很大的损失，所以不妨试试。记住那句老话："如果你不开口，就什么都没有。"

像吉莉安·斯托尔沃克·盖瑞特（Gillian Stollwerck Garrett）就是通过 iFundWomen 推出众筹活动的。多年来吉莉安一直靠自己的资金维持她的有机护肤产品创业，但她想要扩大规模与升级包装，她的 iFundWomen 众筹活动不仅募得了资金，而且还提升了品牌的知名度：

"我原本对众筹活动以及向人借钱非常犹豫,没想到事情进行得非常顺利,而且让我获得了很多的曝光机会,人们开始购买我的产品,天使投资人跟风投也找上了我。"

妥善处理财务规划

不论你是像吉莉安一样通过众筹来取得资金,或是像艾丽卡与肖娜,是用自己的储蓄当作创业资金,如何妥善运用这笔钱都是非常重要的。接下来要教各位如何准备你的财务计划。财务规划师布兰妮·卡斯特罗(Brittney Castro)指出,创业前必须准备一套稳当的财务计划,明确规划在开业的前3年,如何支付你的个人开销。

布兰妮指出:"很多创业公司要到开始3年以后才会出现由亏转盈的现金流,那意味着你必须备妥长达3年的收入来源计划。你必须要很清楚你每个月应该从新事业中得到多少收入,即便你不马上从那里'取酬'。但新事业赚钱是你的目标,当你很清楚你的目标是什么时,你达成目标的可能性就较高。"布兰妮指出,如果你的新事业可能有一阵子都不会有进账,而你又没有一份正式的工作,你必须弄清楚你的储蓄可以撑多久,千万不要贸然创业。

布兰妮除了是专业的财务规划师之外,也是特许退休财务规划师、资产管理专家、创业家兼演讲家。她还是 Financially Wise Women 的创办人兼首席执行官,这是一家位于洛杉矶的财务规划公司。

布兰妮的工作是指导客户妥善管理金钱。她建议客户最好能雇用专业的会计来帮他们规划公司的设立与记账工作,以及最佳的纳税方法:"身为财务规划师,我通常会建议我的企业客户,开立一个独立的税务储蓄账户,每个月至少要从净营业收入当中,提拨 20% 的金额转入此账户。这样等到每一季的缴税时间,他们就会有一笔备妥的款项，而不是忙着四处筹钱。"

但大多数的公司都是入不敷出，所以会积累创业贷款或个人债务，布兰妮表示："如果你发现自己因为创业而负债，最好的对策就是拟订一份还款计划，以最有效率的方式还清债务。你要检视你的预算，并算出你每个月可以挤出多少钱用来还账。利息最高的那笔欠款优先偿还，其余则支付最低还款金额，直到利息最高的那笔欠款还清为止。这是还清欠债最有效率的方式，因为长期下来它可以替你省下最多的利息。"尽管这不容易做到，但布兰妮鼓励你一定要保持积极态度——即便你面对一大笔债务，也不要气馁。

布兰妮指出："其实我们大多数人都有负债，但你一定要记住，这一笔债务是为了帮你开创新事业而欠下的，而且你已经学会了如何管理金钱。所以在你觉得压力大到快要撑不下去的时候，设法让自己转换为感恩的心情，那样你才能继续努力偿还债务，并享受这趟清偿债务的旅程。"

最后很重要的一点，布兰妮建议你要做好心理准备，事业起飞的时间可能会比你预想的更久。"我个人认为，大多数公司其实要到第5年才会全面获利，并且有持续的现金流入。"所以布兰妮建议，你要设定务实的目标，并留心你处理金钱的方式。以下是她提供给大家获得财务成功的3个要诀：

1. 确认你对这份事业的长期愿景。你是想要快速成功然后将它脱手转卖赚一票，还是想要稳扎稳打地成长，至少经营这家店10年以上？

2. 如果你选择日复一日全心投入这份事业，它最终一定会开花结果。但那并不表示这一路上你就可以高枕无忧。所以布兰妮建议，你的事业要尽可能"小而精"，方便你随时视需要做出调整。

3. 每个月都要检视你的财务状况，并学会如何看资产负债表以及收益表，这样你才会知道如何经营一家能赚钱的企业。

当你的财务步上轨道时，你的事业就比较可能会成功。记得要雇用可靠的记账员、会计以及财务规划师，有了这些专业人员帮你把关，你就能学会如何经营一家财务稳健的公司，从而支持你的人生愿景以及收入目标。这不就是你当初创业时所追求的吗？

▷ 时间与耐心才能引领你追求成功

诚如布兰妮所说，让一份新事业成功所需的时间，比想象中需要的更长，而且可能要一段时间之后才会看到获利。菲利普·伍尔夫（Philip Wolff）以及齐夫·波尔（Chief Behr）是洛杉矶知名的人气发型设计师。当他们决定要扩大经营规模时，他们决定先提供课程给同行，接着才打造他们自己的产品线。

菲利普指出："创业过程中我们也曾面临超乎预期的挑战，甚至有赔钱的时候。但是因为我们相信自己一定能成功，所以拒绝被那些挫折打倒。"他还补充说，想要成功，你必须清楚自己是谁，你想达成什么目标，而且要有耐心。

> 我的故事：梦想太大，钱自然烧得凶

在我起心动念想要开设一家制作公司以及经营 YouTube 频道的时候，恰好我在纽约的新闻总监告诉我，为了节省经费，我所任职的单位要被裁撤了。

当时我的银行户头里根本没有存款，因为我在那个新闻编辑室的头3年,年薪还不到5万美元,根本入不敷出。当我再次签下3年合约时,年薪也不到7万美元,扣除衣食住行娱乐以及医疗费用和税金等开销后,薪水差不多就用光了,甚至开始欠下一些债务。

我的爸妈十分支持我的工作,并且尽一切力量帮我,但我从未告诉他们我欠了多少钱——尤其是在我开创新事业的时候。他们已经为我做了那么多(全额支付我的教育费用),我希望往后的人生能完全倚靠自己。

我决定以特约编辑的身份继续待在新闻编辑室,这样至少1天能赚250美元;我还兼了5份差事来支付其他开销,并存够了推出YouTube频道的资金。当时我疯狂打工,所以一天只能睡两小时:

- 以特聘身份留任新闻编辑室
- 在一家新创科技公司担任顾问
- 为一场慈善募款晚宴担任活动策划
- 为某个数字平台撰稿
- 以演讲专员的身份到全美各地演讲

这条创业之路压力巨大且前途未卜,那年我还做了很大的口腔手术,且因并发症而经历了8次治疗。尽管我一直处于疼痛状态,但我却根本没空休息,因为我打定主意频道一定要开张——而且我有一堆账单要付。

我很清楚自己只能花多少钱来制作视频,并且提供至少半年的内容。我的计划是先看观众对这些视频的反应,然后再评估我是否有必要找寻投资赞助者,或是回头找一份正职工作。

虽然我持续跟超过100位的专家、企业家、网红、会计以及律师开过会,但我在创业及维持经营的过程中,还是犯了许多错误,在此跟各位分享：

- 不知道企业主需要按季缴税。这件事真的把我搞惨了，因为我原本以为等到 4 月，我会有足够的钱来缴税金，但其实我一拿到钱，就必须先还债。最后又是靠我爸妈及时救援，这让我更加自责，为何会犯下这个错误。
- 无法依赖我的现金流。我没有想到我虽然身兼数职，但不一定能准时拿到工资。各位绝对想不到在特聘的世界里，即便每个工作我都有签约，而且工作都完成了，却必须一直追着对方跑才能拿到工资！
- 做错选择而无法赚到钱。由于我的电视新闻背景，使得我对视频的要求超高，务必要做到尽善尽美，到头来却搞到没钱做付费广告来做营销。事后诸葛：我应该把八成的时间与金钱用来营销，两成拿来制作与安排我的内容的上线日期，这样我的视频存货就能维持 1 年而非只有半年。
- 没有严格监控"小花费"。虽然我并不把这件事视为错误，但它的确对我的财务状况造成了伤害：我没有留意我的"小花费"——当某个人愿意见我，并且为我指点迷津时，不论是咖啡、早餐、午餐、晚餐还是饮料，我都会抢着买单。这个习惯到现在还是改不了，因为我认为向对方表达谢意是应该的，尽管这个做法对得起我的良心，却掏空了我的荷包。

大多数创业者都表示，钱的事真的很令人伤脑筋。碰上入不敷出的时候——我甚至曾收过信用卡公司寄来的催款信函，上头写着"这是你的最后通知！"——吓死人了！这时我只能拼命祈祷顺利渡过难关，而且不放过任何打工机会，以免不还款而接到他们的催缴电话。

幸好过了一阵子之后，钱总算进来了，因为我前面打造的作品终于产生价值了。

▷ 健康是人生最大的财富

诚如我之前所述，为了了解创业的相关事宜，我经常跟人一起喝咖啡、吃饭。人在创业时，往往会不顾一切一头栽进去；但是商业绩效专家詹姆斯·尼古拉斯·金尼（James Nicholas Kinney）指出，你必须先顾好自己的健康。

他认为创业者若想成功，你必须有一具锚，稳住你的生理与心理。詹姆斯建议："不论是走路、做瑜伽、打拳、画画，还是进行其他任何有益身心的活动，让这些活动帮助你维持身心的平衡，才能真正提升你的事业绩效。如果你不投资自己的健康，那么你的事业就会受创。金钱并非衡量成功的唯一标准，倘若一个企业的领导人病恹恹的，公司的业绩怎么会好看呢？"

詹姆斯的事业版图横跨东西两岸。他最为人熟知的故事，就是当年以区区200美元起家，打造出了一个年营收7位数的商业集团。他说培养人脉当然很重要，所以他建议各位，跟你的同事或潜在客户，相约一起散步或从事其他有益身心的活动。这种做法堪称一举两得，既能照顾好你们的健康，同时又能促进你们的交情。

他说："真心交流而建立的情谊，是你赢过竞争对手的法宝。"

创业四阶段

各位或许不难想象，从前每当有人问起我的工作时，我总得花上10分钟的时间跟对方解释，我的工作包括新闻主播、记者、励志演讲家、顾问、媒体导师、活动策划师。还有，我有自己的数字平台，而且我写了一本书，还在卖我自创品牌的商品。

有天我跟 EntrepreneurMedia, Inc. 的总裁比尔·肖（Bill Shaw）见面，讨论我能为《企业家》网站写点什么。在我离开他的办公室之前，他说他觉得我好厉害，那么努力工作，并且靠自己的力量打造了一个可靠的个人品牌。

不过他认为有个名叫凯瑟琳·格里芬（Kathleen Griffin）的产业策略师，说不定能够帮我找出最赚钱的工作，这样我就不必把自己搞得那么累，一人身兼数职了。对于比尔的建议，我永远铭记在心。

凯瑟琳是营销暨商业顾问公司 Grayce & Co 的创办人，该公司专门为"财富百强"企业以及媒体提供顾问服务。她同时也是 Build Like a Woman 的创办人，这家公司专门协助女性创业者扩大事业规模。过去我一直在用某种方式帮助人们，这是头一次有人愿意坐下来好好听我说，并且帮助我。

凯瑟琳跟我把我们 4 次会面的过程完整录制了下来，希望各位能跟我一样接受相同的新人训练。这些内容能让各位看到，我如何选择我的主力事业，以及如何开发我的品牌策略与营销计划。虽然之前我大概知道自己该做些什么，但是凯瑟琳帮我把所有的事情仔细地做了规划，以便我能扩大我的事业规模。各位可以阅读后续章节的内容。

▷ **第 1 阶段：选定最爱的主力事业**

各位或许也像我一样，为了糊口不得不身兼数职，但长期这么拼命反倒可能有害。凯瑟琳指出："不要分散火力，而应选定一个你想要聚焦的主力事业。"把你目前正在做的工作全部写下来，并把你最想要发展的那一项圈出来。

▷ **第2阶段：拟定你的品牌策略、目的与价值观**

凯瑟琳指出，等你选定想要发展的主力事业后，接着就要拟定你的品牌策略。如果你可以回答以下的问题，请把它们写下来。如果你现在无法回答，花点时间把它们想清楚之后，再向第3阶段迈进。你要问问自己：

- 我能提供什么服务？
- 我能解决什么问题？
- 从功能与情感层面来看，我提供的东西与别人的有何不同？
- 在充满竞争的世界里，为什么某人要选择我的公司而非别家公司，来提供相同的服务？
- 凯瑟琳指出，所谓品牌的目的，是指"我想要向世界传达的终极承诺是什么？"。这就是一家企业的经营哲学与想要追求的目标。
- 我的三大核心价值观是什么？所谓的价值观是：公平的、能引起共鸣的、有说服力的、将心比心的、透明的、真诚的、一言九鼎的以及共融的企业文化。

凯瑟琳指出，品牌一定要有明确的目标与一贯的价值观。因为从最基本的层面来说，"品牌"向消费者展现它的价值，让他们愿意按照你要求的价格付费。若没有品牌的加持，你的产品就只是一个可以随时被取代的商品。品牌让人们能够记住你，而且不怕别人的竞争。

▷ **第3阶段：找到你的潜在伙伴、客户与消费者**

当你有了品牌之后，你就会想要扩大你的目标客户群体，但现在你该思考的是，你究竟想要锁定哪种客户？比方说，你想锁定的是年轻人、婴儿潮时代的人、男性还是女性？等你想清楚你要触及的客户之后，你就能够想出该如何与他们沟通。请回答以下问题来找出你的目标客户群体：

· 我想与谁结为伙伴？
· 我不想与谁结为伙伴？

等你确定你想锁定的客户群体后，下一步就是拟订你的战略营销计划，营销能够帮忙提升品牌在这个世界的知名度，你的品牌识别标志与所有的营销指导原则，必须是一致的。而且你提出的内容必须童叟无欺，每个成品在视觉上必须要让人惊艳，而且要精挑细选。所有的文案（标题、行动召唤、主题、商品介绍、活动预告、视频标题、推送文章）必须能让人们眼前为之一亮并停下脚步细看。

最重要的是，你的计划必须是可行的、可以衡量成果的，而且是可以重复的。所以请你依照顺序，写下未来 6 个月，你最想要全力推动的前 3 项营销策略：

1. _____
2. _____
3. _____

等你的品牌策略与营销计划确定后，你便可以打造一套营销简报范本（pitchdeck）。凯瑟琳指出："你可以用这个营销简报范本，向你的潜在伙伴、投资人或营销目标，说明你能给予他们什么。你可以用一个故事，说明你想要解决的某个问题，并且强调为什么你的公司特别有能力解决它。好的营销简报范本，能清楚地介绍你的公司以及你们能提供什么，并显示你们的产品有一项极具吸引力的优势，不但能够满足消费者的需求，而且是现有市场中没有提供的服务。"

经典的自我营销故事的要素：

1. 简要说明你的公司想要解决的问题，记得要提到是谁有此问题，借此凸显出你的公司想要锁定的消费者群体。
2. 详细说明你的市场机会何在，以及市场的成长情形。
3. 说明目前市场上有哪些公司试图要解决那个问题，并指出它们的不足之处。
4. 介绍你的解决方案、定位，以及为什么你的解决方案特别厉害。说明为什么此解决方案可以为客户和消费者带来更好的结果。
5. 加入任何相关的媒体剪报，你之前合作过的伙伴、好评推荐以及个案研究。
6. 最后做结论时，记得附上联络页面，以备后续约定开会之用。

最后，列出20个你想要讲述营销简报的对象，以及你打算如何联络上他们。

▷ **第4阶段：上市**

本书曾再三提及，从事商业活动最重要的，就是保持灵活性，懂得随机应变。就算你很清楚你的目标客户群体是谁，也想好了该如何跟他们沟通，但是在事业发展的过程中，你必须很清楚哪些做法有效，哪些则必须要调整。为了清楚地掌控一切，你必须做到以下几件事：

- 准备一个日程表。注明截止时间，并且每周检视进度。
- 号召志同道合的人。看谁可以帮忙支援你，为你的人生组成一个"专家委员会"，彼此砥砺，共同成长。
- 传承下去。跟其他创业者共享资源，并开始加入一个新的社群。

现在各位已经上完了凯瑟琳的打造品牌新手训练营。如果你有个很强的品牌，以及令人惊艳的素材、产品、内容或任何东西，但是你却无法触及你的客户群体，那么继续往下看。

接下来我们就要请教社交媒体营销专家史蒂芬妮·卡丁（Stephanie Cartin）与柯特妮·斯普里策（Courtney Spritzer），请她们提供一些社交媒体的营销策略。

如何触及正确的目标客户群体

你或许不太懂主题标签、滤镜，但若想让你的事业成长，你一定要有一套营销策略。

在社交媒体营销经纪公司 Socialfly 里，你会发现一群年轻又有创意而且非常努力的千禧一代，他们对于社交媒体、营销以及跟网红（influencers）合作都充满了热忱。

史蒂芬妮与柯特妮共同创办的这家公司，就是为了帮助创业者，从激烈的竞争中突围，成功触及线上的目标客户群体。

史蒂芬妮指出："社交媒体的变动极快，就算你制订了未来半年至 1 年的计划，但是那时算法可能已经改变了，或是出现了新的平台，所以你必须时时问自己，打算把营销费用花在哪里。"

对于售卖服务而非商品的企业主，像是医生、律师、顾问或家教，此原则同样适用。

史蒂芬妮说明："光是每周日在社交媒体上发些东西，就指望你的业务量会大增，这是不够的，你必须在合适的时间向你的目标对象传送正确的讯息。虽然 Socialfly 是一个社交媒体与网红营销经纪公司，但我们也适用相同的原则：我们成立公司，通过社交媒体与网络文章，来触及大众。后来我们出版了一本书，最近则是开始在脸书上直播推出我们自己的节目，该节目叫作SocialLive。总之，你必须随着现今的世界的发展而不断衍化进步。"

Socialfly团队请各位检视以下的问题，来帮助你拟订计划：

- 你的潜在客户群体把时间花在了哪里？如果你不知道答案，那么最好的方法就是测试与学习，在每个数字平台都放上相同的帖子，看看在哪里能接触到最多人。

- 你知道哪些是吸引人观看的内容吗？如果你是个厨师，那你可以晒你制作简易料理的视频；如果你是个艺术家，你就发作品的创作过程；如果你是位健身教练，你就来分享你的运动方法；幕后花絮以及实用的信息都是人们爱看的。

- 你不知道该如何制作吸引人的内容？你可以聘请一个团队来帮你制作你的内容，Socialfly有个内部团队能帮忙拍照与录制视频，还有平面设计师及文案帮忙建立品牌，他们还可以帮客户找大咖网红或小咖网红合作。

- 你有兴趣找小咖网红合作吗？如果你打算跟网红合作，来提高人气和形象，那你必须找到对的伙伴，而且花费要量力而为。不论你是跟关注人数破百万的大咖网红，还是跟粉丝仅有数千人的小咖网红合作，你都一定要跟对方签订一份协议，上头清楚地记载着相关的准则，这样你请来的网红才知道他的角色是什么，以及他有哪些义务。

- 你有打广告的预算吗？在社交媒体上打广告决定你的营销活动能否成功，但是在脸书上打广告可不便宜，不过好消息是，它能够用正确的内容，精确锁定你想要的目标客户群体。所以当你开始使用广告时，你一定要好好分析它们的表现。

品牌与网红合作的要诀

不论你是想要跟网红合作，还是想成为一名网红，虽然有很多种方式可以达成心愿，但是这样的合作关系不一定保证能成功。

这是一个快速传播的时代，只要掌握要诀就可以将你想传达的讯息准确且大量地扩散出去，这也是大家如此迫切地想要了解自己的品牌该如何与网红建立有效的合作，让彼此双赢互利的原因。

克劳丁·德索拉（Claudine DeSola）成立篷车造型工作室（CaravanStylistStudio）来整合品牌与网红，让双方能建立一种真诚的互利关系。

克劳丁指出："这一年来我们为品牌客户打造了一套程序，包括为网红提供服务、产品试用，以及筹备活动；也协助女演员走红毯、上电视、为媒体拍照，以及出席其他大型活动的整体装扮。我们的工作室也对想要盛装打扮的创意人士开放，希望他们造访工作室后，会满意我们的产品，并通过口口相传把品牌信息分享给亲朋好友。来我们工作室的人，有七成会通过社交媒体分享品牌信息，这些内容都是真实的——我们没有付钱给任何人写营销文。"

在下一节里，克劳丁会分享她个人的私房秘籍与最佳做法给大家参考，让各位明白如何加强你的品牌所传达的讯息，并触及更广大的群体，让你的品牌效益最大化。

营销策略要讲求成本效益

许多品牌都会做网红营销，但那样的宣传活动既不便宜，有效期又不长。克劳丁提出以下的建议，能帮助各位打造一个符合成本效益的营销策略：

- 回归到人与人的互动。克劳丁相信，筹办一场能让来宾即时发表使用感言的体验，或制作一部短片，来介绍你的产品或服务的优点，会比拍摄某人手拿产品的照片更有价值，因为光是宣称他们爱用此项产品，却没有说明爱用的原因，实在没什么说服力。
- 放眼更大格局的计划与策略。虽然付钱给某人发一次营销文可以产生精彩的内容，但克劳丁认为，倒不如认真制作一个永久性的计划，用持续推出的内容，与你的目标客户群体建立真诚的互动。
- 要有特色。克劳丁指出："我们常看到各家公司付费给同一位网红做营销，有时候甚至是同种类的公司，这种情形真的很让人傻眼。像某个网红这周说 A 品牌超赞，下周却又推荐 B 品牌非常好用，我真的很难相信该网红说的话。所以品牌选择跟网红合作时真的要谨慎，要确定该网红真的很爱你的产品，而且他发表的评论必须是真实的。"克劳丁鼓励品牌应跳出思考框架，采用新出道的人，尤其是时装设计师及艺术家之类的创意人士，他们就应被视为网红与内容的制作者。

一个营销活动能成功的关键在于研究调查：要找到对的人来宣传你的品牌，也要懂得使用正确的标准来评测效果，以及在正式签下网红之前，与对方沟通你的目标。想要提升"销售量"，跟提升一项新产品的"知名度"，两者是截然不同的。所有参与者都清楚活动的目标是什么，才是最成功的宣传促销活动。

▷ **如何成为一名网红**

如果你拥有数百万的关注者，而且想当个网红，这时如果有厂商找上门来洽谈合作，你可能会跃跃欲试。但克劳丁指出，如果对每个品牌的邀约来者不拒，小心砸了你自己的招牌："最重要的是真诚。"至于如何展现真诚，克劳汀提出以下建议：

- 真的试用产品，确定你真的喜欢才替它们背书。
- 就算某个创业者的预算不多，但能够帮你找到最爱的人气产品，或是有发展潜力的新产品，你就可以跟对方合作。克劳丁指出："有些产品可能刚开始投入的预算较少，但是一段时间之后，却能让你跟着水涨船高。"
- 搭配运用克劳丁这类厂商的资源，能够帮助你创造更多有用的内容。

请记住，天底下没有点石成金的神奇魔法，你必须努力工作才有可能靠当网红赚钱。接下来我们就要来谈一谈，把网红当副业并且经营得有声有色的要诀。

▷ **成功当网红的要诀**

想靠着当网红赚钱维生，其实是需要一些时间来经营的。选择正确的人选或公益机构来宣传你的品牌，也是一种方法。以下是来自知名网红所提供的专业意见，希望能帮助各位达成心愿。

米克·巴利斯克（Mick Baryske）是许多名人争相邀约的DJ，负责在他们的私人派对中带动气氛。他也是一位科技投资人和网红，现在更成了许多品牌登门请教的顾问。对于如何成为一名成功的网红，米克认为最重要的是与时俱进："对我来说，建立品牌是一个持续进化的过程。人们经常花大把的时间打造一个品牌，过程中却拼命揠苗助长且从不修正路线。你会变，你的个人品牌也会改变，市场也会变，万事万物都在不停地改变。你必须能够跟着调整,但一定要忠于自己。这虽然不容易,但并非做不到。过去这10年来,我把自己改造了两次,而且两次都是合乎逻辑且全面的进化,我从'我是谁'变成了'我将成为什么人'以及'我想达到哪种境界'。"

丹尼尔·格林伯格(Daniel Greenberg)对于科技的热爱,以及跟网红的合作,让他能够跟椰子水饮料VitaCoco以及MTV音乐大奖之类的知名品牌合作,他建议企业可以多留意与小网红合作的可能性:"虽然小网红的关注者少于25 000人,不过他们的粉丝会非常注意他发的东西,因为粉丝相信他,而且会定期跟他交流。"

莉莎·菲利佩洛(Lisa Filipelli)经营翻转管理公司(Flip Management),她的客户包括知名的泰勒·奥克利(Tyler Oakley)、英格莉·尼尔森(Ingrid Nilsen)以及阿曼达·斯蒂尔(Amanda Steele)。她建议不妨考虑跟数字原创的内容创作者合作,来提升品牌的业绩:"创作者本身就是编剧、制作人、导演、营销家兼宣传人员。5年前品牌的网红营销预算仅占200万美元,但如今已飙升至24亿美元,这些创作者功不可没。"

当丹妮尔·芬克(Danielle Finck)25岁的时候,她已经有一份自己热爱的工作,但陆续出现了好多个兼职的机会。她看到许多朋友都开始发挥他们的社交影响力,以及投入非营利公益活动,她决定帮他们把讯息传送给媒体。最后她的副业变成了正职,于是丹妮尔决定辞去工作,开设自己的公关公司。过去10年来,她把艾拉沟通公司(Elle Communications,www.ellecomm.com)经营得有声有色,在洛杉矶和纽约都有分公司。

丹妮尔的公司锁定那些不只追求业绩,同时也兼顾社会使命的企业和个人。所以该公司支持非营利组织、社会企业、大企业里的社会服务团队、小众的道德品牌(ethical brands),以及宣扬社会正义的社会运动人士与改革者（change makers），包括联合国儿童基金会、Rockthe Vote、The Little Market、Biossance、Cora、Justin Baldoni、Amandade Cadenet、Alexis Jones 和 the Kind Campaign。

她对个人 IP 与网红提出的建议是："你提出的影响力策略必须是真诚的，影响力已经蔚然成风，越来越多的人在他们的企业里采用影响力策略。这当然是好事，但必须是真心实意的，因为大众的眼睛是雪亮的，他们其实可以分辨得出来，你是真心的还是只是使用一种营销手法。"

乔治·布雷里亚（George Brescia）是位造型专家，他说不论你是想拍视频，还是要跟品牌洽谈，或是跟亲友聚会，你的穿着打扮会替每件事定调："你不可以一早醒来打开衣柜，就气呼呼的：'哼！我恨我的衣服！'这样是不行的，因为你一整天的好心情都没了。你的衣柜里必须要有能够让你开心的衣服，也就是能够替你加分的十全十美'战袍'：正确的颜色，正确的剪裁。"

助你创业成功的法律意见

虽然本章提供了很多把副业转成正职的信息，但如果各位不懂得维护自己与品牌的法定权益，那么看再多都是白费。各位不仅要确保你的知识与商业财产权不受侵害，同时也要确保你没有侵犯别人的商标或商业点子。而且某些产业的证件系统与授权法规相当复杂，有可能会影响到你的经营方式（贸易业即为一例）。为了保护你自己以及你亲手打造的未来，各位务必要确认你的法律权益受到了保护。

当我开了公司以后，我常说这世上有这几种人：

- 我知道这些事情。

- 我不知道有这些事情。
- 我不知道我竟然不知道有这些事情。

我个人应该算是最后一种人，所以我在商业世界与法律世界里，经常都是扮演拼命追赶者的角色。我老是陷入岌岌可危的处境，虽然希望自己的作为完全符合法律的规定——但我根本不知道法律的规定是什么。

所以我将在下一节，跟大家介绍一些很有帮助的资源，以及我从法律专家那里获得的一些智慧语录，希望能在各位想要打退堂鼓的时候帮助各位撑下来。

找到你的法律专家团队

世界上的执业律师人数那么多，你要如何找到适当的人选？在你开始替你的公司寻找合适的法律顾问之前，不妨先请你的人生导师与同事推荐。我就是那么做的，在公司成立后，我立刻通过社交媒体寻找资源。

当我发文说我需要法律咨询时，有个过去曾共同参加睡眠体验营的女生便特别发信息给我，叫我去询问她的先生。他就是公司法暨知识产权法的专家艾伦·莱特（Aaron Wright），同时也是纽约卡多佐法学院科技新创事业诊所的创办人兼总监。我从他那里获得了很多的法律指导及支持，还获得了一些必备的法律文件，像是保密合约以及视频发行的合约——而且都是免费的。我还要感谢艾伦的学生，他们在艾伦的指导下帮忙解决了我的法律需求。所以我鼓励各位，先找找看你家附近是否也有免费的法律咨询服务。

当你有了一群可供选择的律师以后，请仔细想想你的公司会有哪些特定的法律需求。比方说，我知道我必须跟一位懂得 YouTube 协议的律师谈谈。我参加了一场数字峰会，并且认识了一位任职于 YouTube 内部的人士，她把我介绍给她团队里的另一个人，好让我成为所谓的 YouTube 合作伙伴。

我对这个名词很陌生，所以我完全不知道我有哪些权利。我向好多人求救，但是所有跟我联系的律师也都没有跟 YouTube 打交道的经验。就在我的回复期即将截止之前，我遇见了一位名叫安迪的律师，他热心地免费替我服务，因为他的女儿曾遭人霸凌，他为了帮助其他孩子，所以愿意帮我成立我的频道。

有当时的安迪的帮助，我才能放心地跟 YouTube 签约，因为我确定我不是签下了一纸卖身契。当你开始着手准备创业时，你尽管对每个你认识的人开口求救，因为你永远不知道，这世界上真的会有人为了相同的使命与愿景而对你伸出援手。

接下来，自学跟你的事业有关的法律事务，虽然你不大可能当自己的律师，但是跟你的事业有关的法律，你应该要知道，这样你才能积极保护你的财产。例如我为了保护自己的品牌，决定自学知识产权法，所以我看了专利暨商标局官网上的视频，它的内容相当有帮助，让我们能够了解商标法与著作权法。

知识产权律师斯科特·西山（Scott Sisun）指出："投资你的知识产权投资组合（IP pontfoloo）是很好的，因为有意投资你公司的个人或企业，最终一定会问到你的产权投资组合，以及它提供哪些保护。所以从你设立公司开始，就一定要监控、保护与强化你的标志、品牌或是知识产权，否则你有可能会失去它们。"

他还补充说，大家在使用网络上找到的图像时务必要小心："我常告诫大家，不要'借用'网络上的任何东西。网络并非公开领域，不论你从网络上'借用'的是图像还是图画或文学作品，它极有可能是别人所拥有的。"

我们在本章中谈了很多关于自己创业的方法以及应注意的事项，还谈到了如何保护你的知识产权。以下我们就来回顾本章的主题：

- 你知道自己想要推出什么产品或服务吗？你要如何实现你的愿望？
- 你是否拥有一个强大的品牌？你知道你想锁定的目标客户群体吗？你要如何与那个群体沟通？
- 你是通过社交媒体跟你的目标客户群体交流吗？
- 在营销你的品牌时，你是否做出了明智的选择？你是否选了适合的网红来宣传你的品牌？
- 你是否尽全力保护你的资产？

当你有了很棒的平台以及很棒的产品时，你接下来就要学习如何当个称职的领导了。

第十章 如何成为一个好的领导

> 你有了一间在角落的公司,也有了标示你职衔的名牌,名片也印好了,一切看似准备就绪。但是你以前从没当过首席执行官,也不曾带过人。想当初你的生意是从你的公寓、地下室、车库起家的,现在你终于混出名堂来了,你已经召集了一批高手,他们即将担任起各自的新职务,你发了一张新办公室的照片。# 开工第一天 #

不论你是自己公司的首席执行官,还是刚升职的首席执行官,这些角色都蛮吓人的。你突然身负重任,这艘船现在由你掌舵——船上的乘客全都依赖你。你是主管——你的所作所为可不能泄气,你必须当个称职的主管。

虽然当个首席执行官很可怕、压力很大,着实令人难以招架,却也是令人极度兴奋的。像电影界的大佬雪莉·兰辛(Sherry Lansing),就觉得那是一段令她回味无穷的时光。

雪莉是美国电影圈中首位"女首领",她在1980年被任命为20世纪福克斯公司(20th Century Fox)的总裁,并在1992年担任派拉蒙影业的董事长兼首席执行官。

她纵横电影圈30年，曾参与200部以上电影的发行、营销与制片工作，其中包括荣获奥斯卡金像奖的《勇敢的心》《泰坦尼克号》等多部知名巨片。

如果你这位菜鸟首席执行官对你的新角色感到焦虑，雪莉首先要给你的建议就是：明白自己不会被困住，而且可以有一番作为。

雪莉表示："商业界经常发生这样的状况，有些人在工作多年之后，终于登上了首席执行官的位子，却怀念起之前的工作。其实首席执行官这个位子，让你拥有了协调合作的能力，并帮助别人实现了他们的愿望。"

如果你还是怀念之前的做事方法，雪莉建议你找到一些方式，尽量让自己更加融入日常的例行事务中。当年她主掌派拉蒙时，便是把整个片场当成是一个大制片公司："我总是对主管说，因为我非常热爱当制作人，所以我们不妨把自己当成是每部电影的执行制片人，我们必须看过所有的脚本（包括每一份草稿），还要看样片，要到拍片现场，还要亲赴每场试映会，那就是我持续热爱这份工作的方式。尽管我看起来没花很多时间处理某些事务，像是确定店面配置，或是跟银行开会，但那是因为我还有个伙伴，所以我们可以分工合作。"

如果那样还是行不通，而且你真的很怀念从前的工作，或是你真的不喜欢当个首席执行官，那你就该有所改变："如果你发现你被高升的那个职位，做的并不是你真正在乎的工作，那你就该回去重操旧业，这没有什么不对的。要不然你也可以自己开间公司，说不定这样你会觉得更容易上手。"

所以我将在这一章中提供一些想法，帮助各位新手领导尽快适应你的新角色，包括如何带领下属，以及如何触及你的目标客户群体。下一节的内容，则是多位前辈提供的带人诀窍，他们都主张领导者应当仁慈待人，既然你已经当上领导了——就好好干吧。

先了解自我偏见，才能全面

你或许以为自己是个心胸开阔的人，也为自己拥有一个囊括各路人马的团队感到自豪，但那并不表示，你看待世界的方式，不会受到自身的经验与外界的影响。大多数时候，我们对自己的偏见毫无知觉。请各位想想，你是否有过以下状况：

- 你是否曾经到餐厅用餐，结果遇上了服务怠慢的情况？当你发现你这桌的服务生是跟你不同种族的人时，你不是直接问对方你的餐点好了没，而是小声地偷偷嘀咕："哼，这家店怎么会雇用这种人？"
- 你是否曾经面试一个操持着外地口音的应聘者，结果你非但没有放慢说话的速度（众所周知你讲话很快，像连珠炮似的），反而大声问他话？
- 你是否曾因为赶着下飞机，却被走得很慢的老人或拄着拐杖的人挡在前面，而勃然大怒？

不论你是因为看了今天的头条新闻而变得比平常偏激，还是因为你（没来由地）讨厌某人，只要你愿意"自我检查"（self-audit）一下，你就能知道自己是否有偏见。各位可以在网络上找到一些能够判断你是否有偏见的题库来测试，当然你也可以直接问自己，你是否会根据自己内心的想法与信念，而做出扭曲的决定。不过话又说回来，如果你觉得让女医生看病比较自在，这种状况是可以的。但如果在同一家诊所里有两名医生，你一口咬定男医生一定比较聪明，而且比另外那位女医生受过更多训练，那这样的想法就绝对不合理了。

请容我在这里耽搁 1 分钟，先聊点题外话。因为我看到一份针对性别偏见所做的研究报告，觉得相当有意思。这是刊登在《纽约时报》社论对开版的一篇报道，标题是《她不受尊重》（*She Gets No Respect*）[1]。作者尼古拉斯·克里斯多夫（Nicholas Kristof）检查一项与飓风命名有关的研究[2]后发现："以女性命名的飓风造成的死亡人数，是以男性命名的飓风的 2 倍，因为有些民众会低估前者的威力。美国人预期以男性命名的飓风极具破坏力，并误以为以女性命名的飓风比较秀气且无杀伤力，所以没有采取足够的防范。"但这篇报道最令我吃惊的是"女性跟男性一样，会小看以女性命名的飓风"。

作者指出："人们通常会理所当然地认为，只有那种偏执的人才会种族歧视，只有瞧不起女性的人才会性别歧视；但是最近 20 年来的研究显示——例如这篇关于飓风的研究——其实更大的问题在于，即便是那些平日充满善意且信奉众生平等原则的人，其实也有不自觉的偏见。"

这也是促使盖尔·蒂芙德（Gail Tifford）为广告营销工作者发起一项重要运动的原因之一（内容稍后再详述）。盖尔是慧优体国际公司（Weight Watchers International）的首席品牌官，在加入慧优体之前，盖尔是联合利华集团旗下的媒体暨全球数字创新事业群的副总裁；她从那个时候就开始发起一项全国性的活动，宣传媒体应该对女性做正确的描述，避免引发性别偏见。她指出："我认为最重要的事情，是理解我们每个人都有偏见，只是形式不同——性别偏见、宗教偏见、身体偏见。我们必须先知道自己有哪些偏见，才有可能开始改变。"

---

1. 全文请参见 www.nytimes.com/2014/06/12/opinion/nicholas-kristof-she-gets-no-respect.html。
2. 全文请参见 www.pnas.org/content/early/2014/05/29/1402786111。

▷ **#SeeHer 运动如何改变广告与营销业**

盖尔之所以会推出 #SeeHer 运动，来敦促广告、电影以及电视改变它们刻画女性的方式，其实是源自她跟两个女孩在车上的对话："当时我开车载我女儿跟她朋友回家，我问她们长大后想要做什么，我女儿说她想当侦探，因为她超爱看《法律与秩序：特案组》，她朋友则说她想当医生，因为她受到《实习医生格蕾》的启发。"

这一席话让盖尔意识到，电视节目里的女性角色，对女生的影响力非常之大，但好的女性模范角色实在不够多。

她立即去找她的两位朋友商量，一位是奥巴马政府的首席技术官梅根·史密斯（Megan Smith），另一位是 The Girls Lounge/The Female Quotient 的创办人雪莉·萨利斯（Shelley Zalis）。

她们的想法与盖尔不谋而合。梅根表示自己担心从事科学、科技、工程、数学等相关行业的女生不够多，而雪莉则关心女性在职场是否能获得公平对待。

她们深入探讨造成这些问题的原因后发现，女孩缺乏足够的正面角色示范，而罪魁祸首则是媒体持续呈现负面的女性刻板印象。

盖尔表示："我们发现媒体不仅反映文化，而且会创造文化，所以我们决定通过全美广告主协会，号召所有的品牌，一起来帮忙打造正确的女性形象。"

盖尔发现 #SeeHer 运动大获成功的原因之一，是没有把这项运动定位为"女性"议题。"这是一个社会与经济议题，男士与男孩的参与及觉知，事关此项运动的成功。目前已经至少有 1 000 个以上的品牌参与，投入的广告费用已超过 500 亿美元，希望到 2020 年时，媒体与广告都能更正面地描绘女孩与女性。我们已经获得各大电视台与内容创造者的支持，也看到许多成果开始出现，例如颁奖典礼以及奥运会。"

如何评测有没有性别偏见

盖尔表示，企业可以通过简单明确的量表，来确认他们推出的广告没有性别偏见："我们推出了性别平等量表，来帮广告商评量他们制作的广告内容是否有偏见。"

所有广告商在开发一个广告时，必须思考以下问题：

- 我有认真思考这个广告呈现女性的方式吗？
- 这个广告是否以尊重女性的方式来呈现她们？
- 这个广告呈现女性的方式是否不恰当？
- 这个广告里所呈现的女性，是否能作为其他女性与女孩的优秀模范？

对于推动 #SeeHer 运动的团队来说，最重要的就是让企业管理者更加注意性别问题，并且负起应有的责任，同时要确保他们制作与发行的作品，能够达到 #SeeHer 社群所期盼的标准。

待人和善≠软弱

盖尔与雪莉都认为："女性会见贤思齐。"法兰·豪瑟（Fran Hauser）也认为，如果你在一位好主管的手下做事，你就会被耳濡目染而成为一个好主管。

法兰很受不了大家长期以来一直把和善待人跟软弱混为一谈，所以她立志要改正这种错误的观念。

有不少女性相信，当个咄咄逼人的恶女能帮助她们出人头地，但法兰完全不认同，所以她写了《善良女性也有出头天》（*The Myth of the Nice Girl: Achieving a Career You Love Without Becoming a Person*

You Hate）一书，来挑战与人为善就不能成功的奇怪观念。

"其实，善良（niceness）是领导统御的必要特质，它的威力超级强大，能够开启我们正在流失的各种潜能与可能性。领导者若不能以体贴宽容（kindness）待人，实在是大错特错；人们不再赞扬体贴宽容的美德，我们就会置身在一个无法激发潜能，甚至会毒害我们的恶劣职场环境中。因此大家应大声疾呼，请给我们一个更善良、更有人性的领导者。"

因为与人为善却饱受误解一事，法兰可是有切肤之痛。在法兰20岁出头时，就在全球知名的安永（Ernst & Young）会计师事务所上班。

年轻时的她充满抱负，工作非常认真，表现自然不俗。但当时的她却只想拼命当个讨人喜欢的人，甚至到了走火入魔的地步，成了一个只会唯唯诺诺的"应声虫"。

"我特别记得一位霸气的客户，此人是可口可乐的副总裁，他是那种聪明、难搞又严厉的领导者——而我就像是小朋友爱玩的牵线木偶。每次跟客户开会时，不管大家正在讨论的主题是什么，我的回应都是'好棒哦'，就连有人提议午餐吃寿司，我都会附和说'好棒喔'。情况糟到连我的领导都看不下去了，他把我拉到一旁说：'法兰，干吗客户说什么你都说好？'从那时候开始，我在跟领导和同事对话时，会小心拿捏适当的分寸，既不得罪人但也不委屈自己。"

法兰建议领导们，要为员工打造一个兼具尊重、信任与和谐的工作环境。如果你认为宽容待人会阻碍你成功，请看看谷歌所做的调查报告，你肯定会大吃一惊。

法兰指出："谷歌想要知道是什么因素造就表现最优秀的团队，结果发现最高级的团队会尊重彼此，从而打造出一个让人人都能自在做自己的友善工作环境。《哈佛商业评论》也发现，人们在选择想跟什么样的人一起工作时，'讨人喜欢'这项特质，居然比'有能力'

更受重视。该杂志形容这种人是职场里的'人气明星'——既讨人喜欢又很能干——这也是许多女性努力想要拥有的综合特质。"

但究竟要怎么做,才能既讨人喜欢,又不会被视为拼命讨好别人的马屁精呢?

▷ 亲切对待他人并不等于当滥好人

记住,对待下属体贴宽容,并不表示你必须当个滥好人领导;你只需坚持你的信念,直率对待你的员工,并维持明确的报告路线(不鼓励员工打小报告、发匿名信)。

▷ 成功领导带人又带心

当法兰在时代集团工作时,米奇·凯夫(Mitch Kaif)是首席技术官,他虽然贵为科技部门的头头,但却觉得自己从事着一份吃力不讨好的工作,因为他需要承受维持基础建设顺畅运作的巨大压力,然而他尽忠职守,完成各种艰巨任务后,往往没有人会感谢他。来找他的人都是气急败坏的:不是收不到邮件,就是缺少做项目的必要资金。

但法兰却是真心跟每个同事交朋友:"我会问候他的家人,跟他聊家里的事,并听他诉苦。我跟米奇真的很要好。然而许多同事认为米奇并不好相处,他们总说自己很难向米奇开口,要求他尽快处理他们的问题。有一次,上级要求我的团队提前完成一个产品的上市项目,那意味着我们需要米奇的团队提供更多的资源。我原本以为我的领导会直接开口请米奇帮忙,没想到我的领导居然跟我说:'法兰,你去跟米奇说,因为他没办法拒绝你。'"

领导果真料事如神,当法兰去米奇的办公室求助时,米奇很爽快地答应帮忙,但那并不是天降奇迹:"米奇之所以会答应帮忙,是因为我们早就有好交情;换言之,我并不是在有问题或有需要的时候才去找他。我平时就是所谓的'好女孩'，我会对别人将心比心，因此当我需要跟人协商或开口求助时，我多半都能如愿以偿。"

要如何成为一个"带人又带心"的英明领导者，并率领团队获得更好的绩效，法兰提供了5个方法，给大家参考：

1. **表达意见**。法兰指出，千万不要只营造和蔼可亲的形象，因为这样不但绑架了你自己的能力，更无法让人对你的能力与价值留下好印象。到头来别人只会把你视为一个没有原则的滥好人。"只要不是恶意抨击，你其实可以对别人的想法表达不同的意见，关键就在于保持正向——不要光指责别人的想法很烂，而是提出一个更好的解决办法，并说明你为什么会那么想。而且你要让对方明白，你花了时间认真了解了对方的观点——这通常是避免冲突的好方法。"

2. **提出反馈**。当你跟下属的关系深厚，并且高度关心他们的职业生涯发展时，你往往很难给他们提出忠言逆耳的反馈。但法兰提醒，如果领导因为害怕得罪人而避免提出负面的反馈，反倒成了不称职的领导："因为这么一来员工就无法从有建设性的批评（重点是有建设性）中受益。其实只要你是用将心比心与支持下属的方式，提出对他们有帮助的信息，这样的反馈就是好的，因为这是对他们有帮助的建议而非找碴。"法兰建议，你不妨先用一张小卡片肯定此人的表现——但内容必须是真实的才有意义，才不会让人家觉得你是在讲场面话。例如你可以先告诉对方："你的分析面面俱到，令我印象深刻。"接着再点出"正题"："但是我想帮你了解问题的真正所在（无法如期完工）。"法兰指出，只要是就事论事，并提出具体的事例，员工就不会觉得你在找他麻烦。例如，"不够严谨的财务报告，会令人对你提出的数字缺乏信心"。法兰指出:"你要向对方提出问题,并展开双向的对话,而非单向的训斥员工。当你对员工提出将心比心的反馈时,你们之间的对话就会比较愉快,且让所有参与的人都获益匪浅。"

3. **谈判协商**。造成男女同工不同酬的主要原因之一,就是女性很不擅长替自己争取薪水。法兰认为女性员工绝对不要害怕替自己争取应得的待遇:"以一种对你个人与公司双方都好的方式,运用你的人际关系技巧展开策略性谈判。重点要放在公司的目标,以及你为公司增加了哪些价值上,而不是讲出一堆理由证明你应该拿到更高的薪水。用数字替你说话——尽量搜集能够替你增加说服力的资料,比如你的成就,或是其他公司同级职位的薪资。有时候你对公司的附加价值,不在于你完成了某个特定项目,而在于你为你的团队打造了一种文化,从而提升了团队的士气,并且降低了离职率。女性在替别人出头的时候,往往能获得较好的谈判成果,所以你不妨用相同的客观态度来思考你的价值。"

4. **经营人脉**。法兰指出:"越来越多的人认同,判断职业生涯成功的标准,不只是看你花多少小时埋首于电脑中,而且取决于你跟别人往来的能力、能否采纳外部观点,以及能否引领团队走向正确的方向。在现今这个超级联结的世界里,以上这些人际互动技巧乃是必备的技能,因为天底下没有人能够存在于真空中;这意味着你必须跟其他的人、企业以及想法产生联结。身为一个体贴宽容的领导,只要愿意离开办公桌,你在经营人脉这方面是拥有优势的;因为前述的各种联结,都需要用到良好的人际沟通技巧,而这正是你一辈子一直在发展的技能。"如果你还未投资你自己以及进行人脉经营,那你将无法获得进行前述联结所需的经验与洞见。

5. **做出决定**。身为领导者，你要有勇气做出有可能令别人不开心的决定。法兰指出："领导人在做决策时，的确应该从各种观点出发去做通盘的考量，以及听取同事的意见。但是最终领导者还是必须要按照自己的想法，做出一个明确的决定，并承担该决定所产生的后果。"而关键当然就是在"将心比心"与"为所当为"之间取得平衡。法兰指出："在做决定时，为了避免你过分担心决策的成败，你要问问自己，如果你人生中所有的人都支持你的决定时，你会怎么做？一旦你做了决定，记得向每个你曾经请教过的人表示感谢，并承认你做的决定无法让每个人都开心，强烈表达你觉得它是正确的决定。为了避免被大家视为优柔寡断，你最好快刀斩乱麻，迅速做出一个决定，这样你们就可以继续向前迈进。"

身为雇员，如果你的领导利用你愿意顾全大局的本性，而对你予取予求，你要勇于捍卫自己的权益。法兰指出："说不，是一件极困难的事，但设下界限是很重要的。首先，如果你的领导（又）拖到最后 1 分钟把一个急件交给你处理，或是对你提出不合理的要求，你必须老实说出来，并且拒绝听命行事。你可以这么跟领导说：'我一直在想到底要如何跟你谈这件事，过去这两周来，我已经因为你在最后 1 分钟安排工作要我加班，而屡次更改我的私人行程，我想这次应该由团队里的其他人去做简报。'"

通常你的领导其实并不知道自己有那种坏习惯，所以你明明已经承担过多的工作，却很难推掉一个喝咖啡的约会或是见面的要求。法兰建议你写下你的职业生涯优先顺序，如果某人提出的要求，并不符合你的职业生涯优先顺序，那就不失礼貌地拒绝。

▷ **明确设定身体的触碰界限**

我们除了要捍卫自己的时间，更要懂得保护自己的身体和心灵，自卫专家詹妮弗·卡西塔（Jennifer Cassetta）所写的《捍卫身心灵》（*Hear Me Roar:How to Defend Your Mind, Body & Heart Against People Who Suck*）一书中，提供了许多自保的基本技巧。卡西塔指出，每个人在他的私人空间中才能感到安心自在，"所以各位要明确设定身体的触碰界限，才能保护你的身体不受心存歹念的恶人伤害"。

打造美好的办公室文化

诚如法兰所言，和善待人的领导，能够为你跟下属打造一个正向的工作环境，凝聚你们团队的向心力，让大家做出最佳表现。克雷格·杜比斯基（Craig Dubitsky）同样极为重视职场中的善良风气，他不但以此为核心理念打造他的公司，甚至将之加入他的职位介绍当中："你好"（hello）口腔护理产品的友善创办人。克雷格的创业动机正好呼应了"需要为发明之母"这句俗语。某天他在曼哈顿的一家药房，寻找100%天然成分的牙膏："我在货架上遍寻不着我想要的东西，却看到一堆附上拔牙照片的产品。我向来很重视产品设计所呈现的整体视觉效果，所以我一直想不通，如果你想卖牙膏给我，为什么要给我看一颗拔掉的牙齿呢？"等他看了成分表后，更觉得不可思议："其中有几个产品，居然使用了多年前就已经被禁止的成分，而我们竟然还继续把这些东西放进嘴里，甚至是孩子的嘴里，而且一天要用好几次，我觉得这真的太莫名其妙了。"

克雷格立刻跟一位配方设计师合作，此人也成了"你好"产品研发部门的领导者。等产品与公司的运营方式都确定后，克雷格便把全部的精神，投注在公司的价值观以及员工身上："我认为如果你开了一家公司，而且想让你的经营理念开花结果，那你一定得向大众传达你的理念。大多数人跟某个产品产生的第一个联结，就是产品的名字——这个名字一定要让人看了就立刻眼前为之一亮，并随即发出'哇！'的惊叹声，否则人家看完就忘了，所以命名真的很重要。而我老早就梦想着要用'你好'当作我的品牌名称，因为它具有最友善的含义，而很多品牌的口腔清洁用品都非常不友善。"

▷ 打造美好办公室文化的方法

如果你也想打造一家体贴消费者的公司，并且训练你的员工努力服务消费者，不妨参考克雷格的做法：

- **为善就能富过三代**。克雷格认为，创业让你有机会"选择你的家人"，因为大家一起打拼，所以每个人都是公司的股东。"对我而言，如果我们是这份事业的拥有者，那你的工作动力会大大不同。同事间会彼此关心，并全力维护我们的品牌。我们公司的价值观就是，努力创造价值并把价值分享给大家。当领导替股东创造价值时，他们就一定会好好干。"克雷格指出，把每位员工都当成股东，会产生巨大的影响，让公司创造的财富能一代代地延续下去。"它会产生涟漪效应。"

- **领导要打造开放的工作环境**。克雷格指出，限定营销部门的人才能参与营销会议，不是设计师就不能对设计提出意见，那绝对是大错特错。"好点子可能来自任何人，那才是我们想要的工作环境，也是我们的企业文化。没有人需要隐藏自己的好点子。我们从不曾排挤任何人，如果每个人无法发挥他们的最大影响力，那样既不友善也会打击他的工作士气。"

- **让每个人发挥他的才华**。克雷格表示，不论你从事哪一行，能。"重点是你要找到一个方法,能让员工充分地发挥自己的才华,并帮助你的事业成长壮大。如果你的事业规模较为庞大,你得想出新的方法,适当运用那些才华,别让它们被埋没了。"

- **雇用有业余喜好的人**。克雷格指出:"我不认同某些领导的想法——'你只要对我们公司的品牌有热情就好。'员工热爱自家的品牌固然很好,但我们公司希望员工对于工作以外的事物也有热情,因为那显示了某种程度的情感深度,所以是很重要的。"因为当你刚开创一份事业的时候,你的心情会像坐过山车般剧烈起伏,"若有能力让员工到一个让他充满热情、情绪激昂,却又感到安心的地方,届时只要瞄准正确的目标,并且让他们发挥才华,你们的公司将来就会一飞冲天"。

- **全力照顾你的团队**。克雷格说:"我们公司的首席执行官、业务部领导、营销部领导、财务部领导、研发部领导全都是最棒的,而且每个人在工作岗位上都是铆足了劲。我的工作就是吸引最棒的人才来效力,让品牌充满活力。基本上我就是放手,让那些最聪明最能干的人才,发挥最优异的表现。"最后一点,领导要努力打造一个人人都热爱工作的职场环境:"只要职场的气氛对了,公司的业绩自然会蒸蒸日上。"的确,为股东跟利益相关者创造价值固然重要,但更别忽略了每天都来上班并且跟你一起打拼的员工们。

现在假设你已经有了一个超棒的产品、一个快乐的团队以及一家业务蒸蒸日上的公司。不论你是想要提早退休享受人生,或是想另起炉灶尝试别的赚钱门路,身为创办人的你,都该好好地思考你的退场策略。

双赢的优雅退场

许多企业家回顾当初的创业契机,竟然都是因为他们需要或想要的产品不存在,所以他们只好自己来做;要不就是找不到某个问题的解决方案,所以他们只好自己做一个。

至于帕梅拉·米雷尔斯(Pamela Mirels)则完全是无心插柳的结果。帕梅拉原本在一家公司担任分析师,5年内从资深分析师一路高升为幕僚长,她发现自己真的很爱处理大型项目。

"我真的很爱同时掌管业务、运营及财务工作。虽然我知道自己想要创业,但当时我心中并没有明确的产品。所以我回商学院进修,打算花两年的时间试验许多点子,我甚至试过经营高卡餐车以及结婚礼物登记,但我发现这都不是我想要做的。"

2012年,帕梅拉在看了纪录片《寻找甜蜜客》(*Search for Sugar Man*)后获得灵感,决定策划一场活动。那部纪录片的内容,是关于寻找20世纪70年代走红南非的美国音乐人西斯托·罗德里格斯(Sixto Rodriguez)的故事;有两名来自好望角的铁粉,想要探寻他已经死亡的传言是否属实(剧透:他还活着)。

帕梅拉决定要在纽约办一场演唱会。当帕梅拉找到他的联络人时,她立刻用信用卡帮罗德里格斯订了3万美元的机票:"我在10月做了这些事,演唱会订在第二年的4月,我连一张票都还没卖出去,就先替他的乐团及家人订好机票。当时我便决定要创立一家公司,让人们聚在一起支持他们喜爱的文化。我想召集全纽约市喜爱艺术的人,并提供给他们顶级的经验以及接触巨星的机会,因为通常只有主办单位的内部人士,才有机会参与这类超酷的活动。我们公司锁定的是这种客户群体,我花了6周打造了一个试运营网站,而且我的票价包含公司的会员会费。"

罗格里德斯的活动圆满成功，而公司的会员人数，也在4年内达到千人以上。纽约的市场达到饱和之后，下一步自然就是往其他城市发展，每个分公司雇用一名总经理负责。但是后来帕梅拉结婚了，她打算回归家庭不想再东奔西跑。

她花了一整年的时间仔细思考，终于决定把公司卖掉。她曾先询问公司的运营执行官的意见，问他是否愿意接手，但对方表明无意接手。接着，她又跟一位专门提供赞助的企业家接洽，并且花了数个月讨论公司该变成什么样："其实脱手一家公司跟约会差不多，你必须仔细比较每个机会，因为你手上明明有个很有价值的东西，但人们会想要拐骗你低价售出，你可能要花很长很长的时间才会找到令你满意的买主。"最后帕梅拉选择了另外一家有经验的公司买下了公司。

帕梅拉指出，在出售你的公司之前，有几件事一定要弄清楚：

- 仔细审视你拥有的选项，别仓促做决定。
- 告诉你自己，你的公司有什么卖点——包括法律以及财务上的。
- 如果在4到6周内，你没能从有意的买家那里拿到投资条件书或意向书，那交易恐怕是告吹了。
- 确保你对交易以及资料库的后续处理感到放心。
- 请做好心理准备，即便你跟买家原本是朋友，但你们之间的信任，很可能因这桩交易而一笔勾销。收购过程可能让最要好的朋友反目成仇。你要记住那是一桩买卖，每个人都想替自己争取到最划算的交易。
- 在完成交易之前，要先拟定你的交易大纲。

我希望各位在读完本章之后，会更懂得如何当个称职的领导，并拥有带领下属的必备能力。不论你怎么做，别忘了你永远不会被困住。你要记住：

- 要领导一个团队，请花点时间思考你的人生经验，以及你如何看待周遭的人。
- 别让你的旧习惯使你做出误判，也别容忍不该容忍的事。
- 当个体贴的主管，并为你的员工打造一个体贴的职场。
- 打造真善美的企业文化，让员工每天都迫不及待想来上班。
- 到了该退场的时候，思考自己该采取哪些步骤。

祝福各位不论是开创还是结束一家公司，都能写下美好的一页。下一章将要探讨如何让你的公司获得媒体的报道。

第十一章 拳拳到肉，精准营销

> 你现在还请不起专业的公关团队，但你希望全世界都认识你的公司，所以你问你外甥，愿不愿意帮你经营社交媒体，以及研究如何跟媒体联系上并获得报道。他很高兴有机会赚点零用钱，而你也乐得不必学习如何使用新软件。周一早上醒来，你看到你外甥发的创意文获得了许多赞及留言。#MondayMotivation 周一全力开工 #

在听了那么多年公关人员的营销汇报后，我对于正确与错误的汇报方式算是颇有心得。对于他们花时间研究我的工作、熟悉我做的报道，我是相当感激的。但我衷心建议：别把汇报用邮件发给我，而且若在当天还没看到我回复，就按下你银幕上的转发键，让它再次出现在我的收件箱里；应该要给我几天的时间看一下，你再追踪进度也不迟。

有些人发给我的汇报，会在主旨栏中放上我的名字，例如："杰茜卡——我这儿有位企业家你一定要见见。"我通常会打开那些邮件，因为我很好奇，但我讨厌明明不认识的人却跟我装熟："亲爱的杰茜卡，好久好久没见了，你好吗？我想跟你介绍一位我认为你肯定会很喜欢的客户……"

千万不要说谎，有话直说就行了：

亲爱的杰茜卡：

　　我们没见过面，但是我很熟悉你的作品；我最近刚看到你对 Roth,Tooch & Tova 所做的报道，所以我想你可能会对我的一位客户有兴趣，此人创立了一家公司（在此说明该公司的概况）。我还附上了相关的新闻稿与访谈重点，不知你是否有空来电，我们可以讨论说故事的角度。我也很乐意告诉你，我曾为哪些客户提供服务。

　　祝好。

乔达纳·纳汀

为了帮助各位获得媒体的报道，我特别请教了《企业家》杂志的总编辑杰森·费弗（Jason Feifer）该怎么做。

杰森刚入行从社区报纸的记者开始做起，之后曾担任《波士顿》、《男性健康》(*Men's Health*)、《快速企业》(*Fast Company*)、《美信》(*Maxim*)杂志的编辑；他也为《潇洒》杂志（*GQ*）、ESPN杂志、《纽约》杂志、《纽约时报》、《华盛顿邮报》担任特约撰稿人。他还自制了两个播客节目：《问题解决者》(*Problem Solvers*)与《悲观者档案》(*Pessimists Archive*)。虽然他曾说，就算没当上总编辑也无妨，但其实那一直是他的目标："我相信人应该设定目标，但如果过程中出现意外插曲我也能接受，幸好我的目标顺利达成了。"

杰森提到了他的工作中最困难却也是最有成就感的部分："媒体是个不断变化的产业，所以我必须持续想出能够吸引观众的新方法，不能再沿用过去那一套基本内容。一个强大的媒体品牌，必须兼具多种角色，我认为我们才刚起步而已。所以当你在做营销汇报时，你必须弄清楚现今的媒体企业追寻的是什么，而不只是想着如何填满杂志的页面或电视电台的播放时间而已。"

正确的媒体报道能够帮你招揽顾客或贩售产品或服务，杰森发现以下的做法效果是最好的：

- **有时候你不一定要当故事里的主角**。当你向媒体营销自己时，你可能希望对方能替你个人或你的公司做一个完整的专题报道，但如果没人买账时，你不妨退而求其次，先求能在某个大型报道中被提到就好。写些很花哨的报道固然很棒，但你也可以把你们这一行尚未有人提及的趋势，以及你可以如何做出贡献，当作你的营销重点。寻求媒体报道的路既漫长又费钱，所以你一定要先弄清楚：你为什么想要被报道，你希望达到什么样的目标，并确认媒体能否帮你达成目标，然后再选定适当的媒体。说不定稍后你就可以成功获得媒体对于你个人或你公司的关注，给予较大篇幅的专题报道。

- **好故事一向很受欢迎**。记者对于引人入胜的故事向来很有兴趣，如果你有个极具说服力的故事来支持你的营销简报，这样的合作就是一种双赢的局面。即便对方当下没有报道那个主题，但是大多数记者都会把精彩的故事记下来，等到需要时就会拿出来。例如大家对于这类故事都很感兴趣：你是否曾经失败过，之后力争上游并成功地东山再起？你是如何做到的？

- **直接说出重点**。不要发送没有重点的电子邮件，既可避免令你自己失望，也不会浪费报道者的时间。明确讲出重点，把报道者必须知道的事情告诉对方即可。如果你能跟报道者建立私人交情就更棒了，因为这样你就比较清楚他们想要报道哪种题材。

- **编辑最恨炒冷饭**。如果你能够提供一个值得报道的故事给媒体，那自然是最棒的；要是你想营销一个已经被报道过100万次的故事，那你可得好好发挥创意。好好想清楚你的独到之处。如果你还不知道，就先别急着营销。
- **投其所好**。在你发出营销邮件之前，先花点时间看看对方刊登的作品，了解他们的内容是如何架构的。如果你提供的题材，正好是读者或观众感兴趣的，而且下一期或下个节目，立刻就能刊出或报道，对方将会非常感激你。

各位现在已经从一个编辑手上，学会了怎么做才能获得媒体的青睐，接下来我们要来向一位公关大师讨教她的私房绝学。

让品牌自主奏效

如果你做过一些功课，你就会知道大多数的公关各有拿手的领域，有些人会聚焦美容品牌，有些人则专门负责作家。所以你要慎选适当且有过类似经验的公关，相信你总不会想找个只跟居家与园艺刊物合作过的人，来负责推销你的唇膏产品吧。

如果你决定自己出马向记者做营销，不妨听听格温·温德利希（Gwen Wunderlich）怎么说。她与时装、美容与精品界的最大品牌合作已超过20年了，她是温德利希公司（Wunderlich Kaplan Communications）的首席执行官暨共同创始人，也是一位非常懂得巧妙呈现讯息，以引起媒体、投资人及零售商关注的专家。如果你不是请公关公司替你谋划，温德利希建议："千万别写啰唆的故事。当你通过邮件或电话进行营销时，内容一定要快狠准，直接点出重点。你绝不可以说谎或造假，但一定要能打动对方。所以问题就在于，你要如何使你的故事、品牌、讯息，让人发出惊喜的赞叹声呢？"

如果你是跟公关公司合作，温德利希建议你要有足够支付半年至一年的预算才签约："有些报道会一炮而红，但有些则要经过一段时间才会看到成效。"她还补充，你要很清楚自己为什么要雇用某人或某家公司来帮你："争取媒体报道是要提升品牌的知名度——而非提升销售量，虽然它一定能够带动销量往上冲高。但你不要期待你的公关替你提升销量，因为这并非他们的工作。首先，你的公关预算里，要列出提供报道用的必要工具，不论是要寄给编辑的书、衣服还是美容产品，一定不能小气或一毛不拔，否则到头来只会伤到你自己；因为许多时候媒体必须先看过产品才能写评论。其次，及时把相关讯息通知你的公关，他们可是尽心尽力地为你营销，千万不要因为你慢吞吞的回复，而害他们失去机会。你对他们要待之以礼，当他们成功时你要给予赞赏，这会让他们更有干劲。"

最后且相当重要的一点，温德利希认为，公关能够让创始人变得更有力量："创始人本身就是一个正在成形的品牌，你有一堆故事想要告诉世人。所以你要认真思考，你希望世人如何看待你，并据此来创造你的故事；而且你随时都能按下重新启动键，创造能够打动人心的故事，并用它来建立网络，赢取你想要的成就，打造你梦寐以求的人生，公关拥有神奇的力量！"当你有了公关利器后，你还要记住以下几点，才可能获得媒体的报道。

懂自己、懂客户，才能提供好产品

写书是一件大工程，但成为出版物作家却有不少好处。大多数的作家都想要写本书，是因为他们想要分享，而且知道自己能够让这个世界变得更美好，这令他们感到欣慰。不过大多数作家也会告诉你，写书其实并不能让他们获得名或利，但出书除了能完成你的一项个人愿望之外，还能够帮你获得信誉与更多的引导以及更多的曝光，还会让你收获更多的演讲邀约。

在各位决定一头栽进键盘、没日没夜地写作之前，我特别请我的"北极星"威尔科夫，跟我分享她的经验。她是一位国际知名的畅销书作家，也是一位获奖无数的自由写作者，更是一位经验丰富的出版暨商业顾问。

▷ 出书顾问给有志写作者的意见

威尔科夫担任出书顾问已经超过10年了，她出的书种类包括小说、非虚构文学以及童书。她表示："我很享受写作的乐趣，也很喜欢通过各种营销技巧，跟读者分享好书。我在书展或出版大会中教学时认识了许多人，而且曾跟电影及电视影集的编剧一起合作过。"以下就是威尔科夫提供的宝贵意见，希望给有志于从事写作的人提供参考：

- **针对你的读者群写作**。首先你要想清楚你为什么要写这本书，确定你想要诉诸的对象，并确保你的用语，能够如实反映这些人的背景。避免使用行话术语，这样才不会吓跑你的读者。
- **别为了跟风而写**。因为那股风潮很可能在你写完之前就结束了。你要写自己热爱的题材以及令你有感觉的事，这样你写作的喜悦才会反映在作品当中，读者也会读得很享受。
- **小说先写完再找出版商或文学经纪人**。小说必须先写好并完成编辑。你要确保书是你在最佳状态下完成的，且以最佳状态呈现在出版商与读者眼前。非虚构文学要先准备选题策划。你不必完成全部的手稿，但你必须备妥完整的目录以及各章的标题。选题策划（book proposal）就像是这本书的"销售说明书"，它必须包含你的读者对象、市场上的同类书目，还有你的写作资历，以及你打算如何营销及推广这本书。你还需要准备至少一两章的完整内容，让对方明白你有能力写。

- **思考你想借此获得什么样的经验。** 出版业用 ISBN 编号来追踪书的销售状况，所以等你的书一出版，书商立刻可得知销售量。不论你是自费出书，还是通过市场验证，你的书在上市后前 6 周的销售量，就是你的写作实力的最佳证明，而这个数字也会关系到后续的出书决定。自费出版的出书程序通常比较快，面向市场出书则会慢些。你可根据自身需求做出正确的决定，并清楚理解你的选择会产生什么样的后果，或带来什么样的效益。

最后，记住每位作者与每本书都需要一个平台，出版业的铁律就是"平台、平台、平台"，你的平台是什么呢？不论你想推出小说还是非虚构文学，你都必须在网络与网络以外的世界，拥有一个扎实的平台，这样相关行业的专家才能够很容易就找到你。所以除了网站之外，你还可以通过社交媒体活动，或是亲临现场与书迷见面等活动，扩大你的营销通道与影响网络，这样才会有更多的出版商对你的选题感兴趣。毕竟在出版业里，书卖得多才是王道。

要让你的事业受到关注这条路并不好走,记住别把你事业的成功,跟你个人的快乐画上等号。获得媒体报道很有助于提升曝光度,所以你在争取媒体报道时,要想清楚你是向谁(WHO)做营销、你该如何(HOW)做,以及为什么(WHY)要这么做并记住以下的想法:

- 想构思一个能够打动人的故事,不妨跳出平常的思考框架。
- 与媒体接洽时别偷懒,应预先做好功课,并及早提供重要的信息,让报道者可以省些事。
- 如果你打算提出一份出书提案,可别指望靠这个项目就能有钱买艘新游艇。
- 如果你希望你的书能够提升你的品牌,帮你卖出更多的产品,或是接到更多演讲邀约,那你就该留意已经上架的书,并想办法触及你设定的目标读者群,千万别抢跟某种风潮而写。
- 不论你是被出版社相中,还是打算自费出版,你都要有个扎实的平台,好让你可以卖出更多的书。

切记,人生中的大多数事物,都需要一些时间才能成就。虽然你试图让奇迹发生,但你务必要让自己身边围绕着脚踏实地的人。如果你发现你不知道谁是你真正的朋友,我希望下一章能够帮你理清思绪,并重新结交志同道合的朋友。

倘若"友谊"成为"友移"的时刻已然到来，你也要告诉自己这是成长必经的路途；因此你要更加珍惜帮助自己成长的朋友，同时努力让自己成为值得朋友信赖的伙伴。

至于人生的伴侣，更是可遇不可求。你可以先思考自己究竟是什么样的人，确认自己对于感情的定义后，自然能明白应该选择什么样的伴侣。你无须羡慕在社交媒体上发光的其他人，因为你已经从前面的章节学习到——不要轻易相信网络上的每件事。在你遇到对的人之前，你应该为自己认真过好每一天，才能确保在缘分到来时你已做好准备。

第十二章　谁都是我们生命中的过客

> 你正在跟朋友们吃早餐，你忽然想起来今天是某个同事的生日，你赶紧拿出手机，想发几句祝贺的话。当你打开朋友圈时，你却看到一位老朋友的婚礼照片，你完全不知道这件事，因为你们已经好多年没有联络了。不知为何，你觉得有点心酸，于是你请服务生帮你们这群人拍张照。# 死党万岁 #

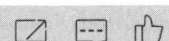

古有明训：亲君子远小人。为了确保你身边不会围绕着一群喜欢抹黑你的人，你要牢牢记住：朋友应相知相惜、互相支持和鼓励。如果你的身边有一个人这样对待你，算你好运；如果你身边有好几个这样的知心好友，那简直就像中了彩票。

能够拥有这么美好的关系是如此重要，所以我想请你写下他们的名字，并提醒自己要珍惜他们的友谊。你要随时关心他们的近况与需求，并适时给予支持。要是你读到这段内容，便立刻放下本书，并且跟你的好朋友联络，那我会非常开心。你一定要让好朋友知道你经常想到他们，也要告诉他们，你有多么感谢与他们的友谊。

请写下你的超级好友名单,当你感到茫然失措或孤单无依时,不妨去找他们:

1. 姓名 _____
2. 姓名 _____
3. 姓名 _____
4. 姓名 _____
5. 姓名 _____

这张清单还可提醒你,你跟哪些朋友已经很久没联系了。这种情况的确会发生,毕竟我们会一直改变,并且各自走上不同的人生道路。这也是无可奈何的事,友谊就像是地表的板块,会随着时间而重叠或移动。如果你目前跟某个老友或一群旧识疏远了,我把这种情况称之为"友移"(friendshift)。它跟吵架不同,因为朋友吵完之后可能会言归于好,但如果我们的"友谊"因为某些原因而变成"友移",彼此的好交情很可能就回不去了!

当友谊成为"友移"

我经常听到的一个原因是,某人的环境出现了剧烈变动,但好友们的生活环境却风平浪静,因而发生了"友移"。大多数人都曾经因为公务(例如一起出差开会),而与团队中的某个成员"形影不离",但是等双方一回到各自的岗位上,立刻又变回点头之交。另外,还有些朋友,虽然多年来一直在你的人生中扮演重要的角色,但是你长大后,却发现你不再喜欢他了。

举个例子来说,我在念大学的时候,有个女生老是说我的闲话,所以我总是尽量躲着她,避免惹出事端。没想到我们毕业之后,情况变本加厉，于是我问自己："我干吗还要理会这个人？为什么其他朋友对她的恶行一声不吭？"我的这群朋友，每个都早早就结婚生子。当时还在工作的我，年薪只有区区 25 000 美元，时不时就为了参加她们的婚礼而荷包大失血——伴娘的置装费、各种脱单活动还有新娘的结婚礼物，以及机票和住宿费。等她们当妈了之后，我还得花钱买婴儿礼物。但是那几位大小姐中，有几个人捐钱给我举办的慈善活动？只有两位。而且重点不在钱多钱少，我最需要的是她们的支持。

当时我为了应付生活开销，经常加班想多赚点钱，再加上我必须筹办募款活动，并打造我的事业，所以忙到分身乏术，也因此比较少跟她们联络。当她们的爱情与事业两得意时，我这两方面都还在全力冲刺阶段。为了跟老同学重聚，我搞到一文不名，看着她们带着另一半高调出席，而我却仍是单身一人且生活捉襟见肘。从她们当着我的面所说的话与做的事来看，我知道我们之间的友谊不仅变质了，而且该结束了。

这个经历让我很受伤吗？远超过笔墨所能形容。难道是我小气，见不得她们过得比我好？当然不是。但人生苦短，不值得被负面情绪绑架。各位将会在后续的故事中看到，友谊可能会因为各式各样的原因而走调变味，除非你做了伤天害理的事需要寻求对方的谅解，否则没必要拼命修复一段已经受损的关系。请各位记住，友谊可能因为以下的原因而生变：

- 你在一群人当中感觉格格不入——那滋味真的很不好受。
- 有时候你经历了一场巨变，但你的朋友无法理解。
- 有时候是因为你的环境改变了。
- 有时候是情势所迫。
- 有时候是因为你必须拼命工作。

有趣的是，我们也可能与老友重拾情谊。当我们随着时光的流逝而变得成熟，或是有人愿意低头认错，或是人生中发生了某个重大事件，一度失联的我们都有可能再度聚首。如果此刻你正经历一场"友移"剧变，但你却摸不着头绪，就让一些人生前辈来告诉你，该如何度过这段考验吧。

不一样，又怎样

在加布丽尔·塞格夫（Gabrielle Segev）即将迈入30岁大关前，她已经在澳大利亚拥有一家美容院。她的朋友早就都走进家庭了。"我的那群好友，从来不曾顾及我是唯一一个还没脱单的。我替她们每个人打点婚礼妆容，也帮她们的伴娘梳妆打扮。虽然我很感谢她们为我带来这些生意，但有时候还是难免会觉得心酸，忍不住躲到洗手间里哭。我其实一直很努力安排约会，我的客人也都会好心帮我介绍。可惜现在事业成了我的人生挚爱，因为它填补了我心里的空虚。"

加布丽尔想要避开订婚派对之类的事，并且决定离开悉尼，是因为她觉得好孤单。"我拼了命工作了10年，后来我打算去洛杉矶住半年。我在洛杉矶的时候，有个朋友邀我一起去纽约玩。我们在纽约逛街的时候，听到有个帅哥说：'你们在讲希伯来语吗？你们好！'"这就是加布丽尔跟她先生相识的经过，现在他们不但已经结婚、生了两个小孩，而且加布丽尔在洛杉矶的美容院，生意也非常好。

加布丽尔从她自身的经历得知，如果你是好友团里唯一一个跟大家不一样的"异类"，你要记得：

· 总有一天会遇上爱你的人。

· 姻缘天注定，要是在年轻的时候就结了婚，说不定婚姻关系中会出现其他问题。
- 要耐心等待你的真命天子或真命天女，试着替自己的生活增添乐趣，像是造访新的咖啡馆或健身房，别去理会别人在社交媒体上发了什么东西。

我们各有际遇

有时候，朋友并不是因为吵架才翻脸，而是因为无法理解对方。我们每个人会在不同的时候经历不同的挑战，我们还未亲身经历某些事情时，就很难理解与体谅别人的处境。像我的好友吉尔，她的父亲因癌症病逝时，她儿子才两岁，女儿才出生3个月。她坦言当时她忙着帮助周遭的人明白她的新处境，根本没空悲伤。

"在葬礼上，竟然有人对我哥说：'哎哟，你现在算是半个孤儿了！'某人则是告诉我，医生跟他说他得了癌症，'幸好只是一场虚惊！'。搞什么！他忘了我爸就是死于癌症吗？还有，看到一堆问我'你还好吗？''有我能帮上忙的地方，请别客气'的信息，根本无法安慰到我，反倒令我生气。虽说大家都是一片好意，但说实在的，我怎么可能记得哪些人有空能帮我？再说了，跟别人说你需要帮忙也很尴尬。我怎么可能开口对别人说'请你帮我顾一下小孩，因为我快崩溃了'？人们会说'有任何需要请告诉我'——但我根本不知道自己需要什么！有个朋友送了我几张外卖礼券，那就真的帮上忙了，因为我真的必须叫外卖晚餐。她不是在嘴巴上说说'有任何需要请告诉我'，而是直接做了她知道能够帮我忙的事。虽然我的父亲过世了，但人生不会就此停住，我的孩子会如常起床，而且必须要吃三餐。"

吉尔的父亲过世不久后，她的妈妈也被确诊罹癌，吉尔成了她的主要照顾者。除了帮忙处理父亲的遗物以及跟律师联系，她还得跟先生一起照顾小孩。"这时候你会去找那些能够明白你处境的人，倒不是说你会跟其他朋友绝交，而是你会跟那些有相同经历的人往来得更为密切。"那段日子吉尔经历了一连串的重大打击，她明白这会影响到她跟朋友的情谊，如果各位也遇到类似的"友移"状况时，不妨参考吉尔的一些建议：

- 当你痛失至亲时，吉尔建议："针对不同的事情，可以找不同的朋友来帮忙，因为很会整理屋子的朋友，未必有办法跟你讨论癌症的可能疗法。"
- 当朋友失去至亲时，如何给予支持？吉尔说："不要问，只管做就对了。例如有个朋友打电话给我，说她要带她儿子去博物馆，问能不能顺便带我儿子一起去。这种做法，比打电话问我说能为我做什么，要好太多了。"

吉尔还建议，要让别人知道你正想着他们："我有个朋友是天主教徒，而我是犹太教徒，但她每次上教堂都会为我点一盏蜡烛，然后拍张照传给我，令我觉得很贴心。"

如果你担心事情已经过了那么久，所以便没向丧亲的朋友表达慰问之意，吉尔是这么说的："绝对没有过太久了这回事，因为伤痛一直都在。像我们就收到我爸前同事寄来的一封慰问信，我们全都不认识此人，但他在信中诉说了我父亲对他的影响。那时我父亲已经过世两年了，此人的来函格外有意义，因为我们都希望死去的亲人能够被大家一直惦记着。知道我父亲生前曾对别人产生影响，而且对方一直念念不忘，真的很令我们家属感到欣慰。"吉尔还想告诉每个人："曾有人说，人过世后，真正的工作才开始，此话一点不假。我花了好几个月的时间，陪我妈打理每一件事。一开始我连房本放在哪都不知道，现在我们已经完成很多事了，而且每样东西都妥善地放在资料夹里。老天让我有机会陪伴我妈，算是不幸中的大幸。我们在每一张照片的背面，写下每个人的名字，这样我们才知道相册里有谁。"

吉尔还提到，你必须打起精神处理挚爱的遗物："我并没有跟爸妈住在一起，所以当我看到我父亲的那一堆遗物时真的吓呆了，完全不知道哪些该留、哪些该丢。而且在你的亲人刚过世的那阵子，你根本没心情处理这些事情。所以最好趁你的亲人还在世的时候，尽可能处理掉不需要的东西，这样等到大限来临之时，你才不会手忙脚乱。"

不要害怕错过而勉强拥有

当你进入人生的新阶段或新环境时，你通常不可能呼朋引伴、携友同行。虽然你们仍可通过社交媒体保持联系，但那毕竟跟时不时相约一起聚餐喝咖啡，或是一起庆祝生日或升职，是截然不同的。所以当距离使得你的友谊板块松动时，你该怎么做呢？

琳西对远距离造成的"友移"很有感触。她在进大学前，就选定了往后的职业生涯道路，她打定主意大学一毕业就要移居到一个小镇："我想当个新闻记者与主播，并决定先从一个小市场开始。所以大学一毕业，我就按照计划进行，虽然要跟朋友分离让我很伤感，但这老早就规划好了，我也只能默默接受。"琳西的其他朋友全都搬到同一个城市，并且仍旧延续她们在大学里的好交情；"而我则是一个人孤单地在异地打拼。有段时间真的很难熬，我觉得非常寂寞，但这也让我明白了好友的重要性（如果常跟一群好友聚在一起，就无法有此体会）。真正的好朋友会来探访我，而我也会去探访她们"。

但随着她的年纪渐长，琳西开始明白，即便是这样的关系都变得很难维持，因为她选择了一条跟大家截然不同的路。朋友无法理解她的工作所带来的寂寞和压力，因为她的工作时间不固定而且周末也要工作。她工作不顺，却没有朋友想到要发信息安慰她，这令她觉得很委屈："那样的疏离让我开始结交更多新闻界的朋友，因为他们才懂这一行的辛苦。从事新闻工作跟艺术家或演员有点相似之处，你必须对这份工作有相当大的热情，否则根本撑不下去，但并不是每个人都明白这一点。虽然我最要好的朋友仍然是我最好的朋友，但是我越来越习惯我跟她们有一小部分断开了——那就是我们不一样的地方。"

▷ 琳西的过来人经验谈

琳西坦承踏入新闻界让她失去了一些私人关系，所以她想提供一些过来人的经验谈，教大家如何妥善处理远距离造成的"友移"：

- 老实说，当我看到昔日好友们晒出她们聚会的照片时，我还是会有点不是滋味；而且我会在脑中想象，她们在豪宅里整夜畅谈心事的画面，而可怜的我却连周末的深夜都还在工作。但其实每次我回去看望她们时，我根本就待不住，才一抵达就想要打道回府，回到我身处的那个现实世界里，回去找那群一再帮我渡过难关的超赞的同事。所以各位千万不要对从前的朋友念念不忘，却忽略了你眼前所拥有的超棒友谊。

- 我大学时期的那群闺蜜，到现在都还是会集体行动，但是每次跟她们聚在一起时，我都会觉得格格不入，因为我必须临时恶补很多信息，才能知道每个人的近况。不过现在我终于明白了，虽然她们全都过着很棒的生活，但那并不是我想要的快乐。所以各位一定要提醒自己莫忘初衷。

- 我很喜欢在全国各地都拥有好朋友，也喜欢在办公室里拥有好朋友，因为我知道当我有需要时，他们任何一个人都会立刻伸出援手。社交媒体有时候的确会让人害怕错过任何信息,但是我为了要追求我的梦想,难免会错过朋友的一些讯息。所以请记住,虽然你们可能各自走在不同的道路上,但有缘的话你们还是会碰到的。

俗话说:相逢即有缘。每个人会出现在你的生命中,都是有原因的,而且朋友的确会随着时间而改变。

失去的都是人生

有时候友谊会改变,是因为我们的环境变了。老实说,在我撰写本书期间,世事无常这个主题是最常出现的。

比方说有个朋友告诉我,当他以100万美元卖掉公司时,他那群从小一起长大的好朋友,对待他的态度突然不一样了:"每次跟他们聚在一起时,他们就冷嘲热讽,而且显然对我很不爽——即便这些年来他们明明知道我有多拼命工作。"

婚礼也是"友移"发生的原因之一。没结婚的人真的很难理解,要安排宾客名单有多烦人。像我是在36岁结婚的,在这36年来我有幸结交了许多好友,除此之外,还有我爸妈的朋友、我们家的亲戚、我先生的亲友。再加上我来自一个大家族,那让宴客名单变得更长,取舍也就更加困难了。我为此失去了几个朋友,因为我没邀请他们参加婚礼,这伤了他们的心。但是说真的,我并不是依据我喜欢此人的程度,来决定要不要邀请他,如果只是生日派对,事情就好办多了。

如果你因为某些原因失去了一些朋友,希望有朝一日当他们遇上相同的状况时,他们能明白你的苦衷。如果你因为朋友见不得你好或是忌妒你的成功,而失去了他们,那么能够摆脱这些负面人物,对你而言说不定是件好事。

▷ 有时你就是得全力拼事业

当玛莉莎被广告公司炒鱿鱼时，她哥哥建议她做烘焙，而且他们好好拟订了一份计划。玛莉莎一直很爱烘焙，既然她失业了，她哥哥便打算跟她合伙做生意。玛莉莎烘焙坊开业的第一天，她一口气做了250个杯子蛋糕。

玛莉莎表示，为了要应付订单与站稳脚跟，她不得不跟工作约会，根本没时间跟朋友聚会："我1天有17个小时都在烘焙，且全年无休持续了好一段时间。我有两位好友，她们到今天都还是我最要好的朋友，她们一有空就会来厨房帮忙，当我忙着烘焙的时候，她们甚至愿意对着我的背影陪我聊天。"玛莉莎说就是这股拼劲以及好友的理解，让她拥有了今天的成果："身边有爱你与支持你的人陪伴非常重要，而且在你觉得自己不够好的时候，她们帮你加油打气，因为每个人都有低谷的时候。"

尽管玛莉莎坦承这样的好友真的很少，但她们却是人生中不可或缺的重要支柱。当你没日没夜地工作时，她们会全力支持，她们希望你心想事成，并且当你的啦啦队。要是有人失业了，玛莉莎希望你记住："你是很棒的，只要你下定决心去追寻梦想，就一定会成功。"

"友移"可能因为各种原因而发生，但你一定要秉持一个原则：不要向其他人说此人的坏话。因为这个是你跟这人之间的问题，就留待你们自己解决，这样，当事情逐渐平息时，你才不必为了当时你在气头上所说的话道歉。你不妨想想：

· 你想要修复的是什么样的关系？
· 你想要放弃的是什么样的友谊？
· 谁一直在默默支持你？
· 你打算结交什么人，与谁重修旧好？
· 你如何让自己成为一个更贴心的朋友？

朋友能够陪你走过痛苦的日子，让快乐的日子变得更美好。而且不同的朋友会在你的生命中扮演不同的角色，你可以跟每一个朋友拥有不同的交情。

例如你的生命中或许也跟我一样，有个像崔西这样的好朋友，对于我感到困惑的每件事，她都能给我理性的意见；或是像艾美一样，耐心地陪着我讨论每个故事的细节，并帮我分析它的每个部分，从不嫌烦；还有从小一起长大的吉尔，她对我的心思了如指掌，在我说好要打电话给她却忘记时，她非但没有生气，还发信息替我加油打气；或是像艾蜜莉，她的人生阶段跟我完全不同，却还是对我百般包容，因为她明白我只是还未经历过这一切；或是像法兰克，他是我在工作中认识的朋友，结果却成了我的"家人"，他总是跟着我一起哭一起笑。

还有像梅兰妮与托瓦这样的朋友，虽然我们认识得晚，却成了莫逆之交；或是像琳西这样，虽然我们在大学时就认识，但多年后当我们重新联络上，才发现我们有好多地方很像。在各式各样的友谊中，也有像史蒂芬与萝莉这样的夫妻档朋友，我们是通过我的前男友介绍才认识的，但我跟前男友分手后，他们夫妻却跟我成了相知相惜一辈子的好朋友。

还有一群人，是你展开人生的新扉页后才结交的好友。移居洛杉矶对我而言是件大事，因为此前我一直生活在纽约，从未想过有一天会离开它。而马利和罗伦这两位好友，在我移居西岸后，给了我无微不至的关心与支持；茱莉让我认识洛杉矶的一切；艾美跟凯蒂则成了我随时能讨教的朋友。

所以如果你有一位真正的朋友，算你运气好；如果你有一群忠实的朋友，你是个不折不扣的幸运儿。期待自己当个忠实的好朋友，随时关心你的朋友，让他们知道你有多重视他们。

各位将会在下一章中发现，约会可能会让你泪水涟涟，但是健康的观点与好友的支持，可以帮你在你觉得孤单无依的阴雨天中找到阳光。

第十三章 单身也不可怕

> 一想到要去三姑家吃年夜饭,你就头皮发麻,因为每个人肯定都会问你结婚了没。而且还会铁口直断指责你,就是因为眼光太高,所以才会一直单身。你说约会好可怕,谁会相信?因为在交友网站跟应用程序问世以前,家族里的其他人还不是都顺利成家了?你在社交媒体上发了你的状态:"超欢乐的除夕夜家族团圆饭!"但你真正的心声却是#众人逼婚超傻眼#

  我们大多数人进了大学之后,会先修几门不同的科目,然后才选择主修。许多人会通过实习,确认自己喜欢或不喜欢哪些职业。其实约会也需要付出同样的时间和精力做研究,如果你因为周遭的人认为你不可能兼顾爱情与事业而觉得气馁,你不妨暂时停止约会,好好检视一下你目前的状况、未来的目标或职业生涯计划。

  如果你才刚分手或被甩了,读到这一章不禁悲从中来,我向你赔罪。其实我非常懂这种心情,它真的很痛苦(但如果你的前恋人是个坏家伙,我反倒要恭喜你脱离苦海!),我懂那种必须扔掉一切、从头开始的感觉,因为我这方面的经验可多了。我认为约会——甚至只是想要约会的念头——有时候其实挺折磨人的，所以我真的很希望自己能帮你按下快进键甩开一切。不过我可以向你保证，失恋的伤痛终究会过去的，当你有一天回顾这段过往时，你绝对能够对别人拼命在社交媒体上晒恩爱一笑置之。我会在这一章里，跟大家聊聊约会前的准备工作，并分享其他战友的爆笑故事。

先成为对的人

在深入探讨如何找到最适合你的人生伴侣，并携手共度你想要的人生之前，我们必须先从自身着手：你是如何看待自己的？你对自己的身材感到满意还是讨厌？你乐于独处还是总是跟朋友们腻在一起？你想找一个崇拜自己的人？你总是贴心照顾每个人，所以你希望能找到一个像你一样贴心的人来照顾你？

认清自己是件非常美妙的事。如果你明白自己拥有哪些天赋与需求，那会帮助你了解自己的长处何在，以及哪些地方需要仰仗别人。在事业或爱情方面能当家做主，并不表示你各方面都是完美的，而代表你能充分展现自己的才能，而且你身边的人都能够帮你成为一个更棒的人。其实约会无非就是为了找到一个爱你、支持你、接受你与欣赏你的人，我希望这些就是你开出的理想爱人的条件。

▷ **说明你想要找什么样的伴侣**

我并不是要你写下理想伴侣的外表细节，而是要你写下你希望这个人能够带给自己什么样的感受。请阅读以下的问题，仔细想想，然后写下你的回答：

- 想象你跟对方一起来到最喜爱的地方，不论是知名旅游景点，还是山野小径或网红咖啡馆，又或者是你的亲友家，你有何感受？
- 当你得知一个天大的好消息并打电话给对方时，对方做何反应？
- 对于对方的反应，你感觉如何？
- 当你握着对方的手或亲吻对方时，你感觉如何？
- 当你某天遇到一堆倒霉事并跟对方诉苦时，你感觉如何？

请记住以上所有感受。如果你目前正在交往的人给你的感受跟以上情况不同时，你必须好好思考，想清楚你为什么会跟此人交往。

1 加 1 是否能大于 2？

当交往的双方都想着能为对方做些什么时，这段恋情就会非常美好。要是你一早醒来，就想为对方做一件好事，而对方一早醒来，就想为你做件好事，这份恋情将会十分温馨，而且充满了爱与支持。

人们常期待伴侣会对自己奉献，同时却又会批评伴侣所犯的每个错，但恋爱其实需要双方都付出，有时候其中一方会比另一方付出多，如果你是在当时受到支持的那个人，你一定要抱持感恩的心态，并让对方感受到自己的心意。

我衷心期盼各位能够找到一个像我先生这样的伴侣，我们不仅是最好的朋友，而且是对方最大的拥护者。我从不必为了表现真正的我而向他致歉，他也是如此。我也不必对自己的成就刻意保持低调，因为我先生也会以我的成就为荣。我们的关系之所以能坚若磐石，就是因为我们努力让对方的人生更美好。

我在作者序中曾提及，我在撰写这本书时，不但已经怀孕了（仍每天写作12至16小时），而且从纽约搬到洛杉矶，我先生就是帮我安然度过那段时间的最大功臣。

他会帮忙整理打包、买日用品、下厨,而且每当我身体不适时,我先生都会尽全力让我舒服些。婴儿要用的每样东西都是他帮我打点好的,而且从不让我不开心。即便我整天待在家里,不出门也不梳洗打扮,他还是深爱着我,让我可以心无旁骛地一直写写写。

不过一段美好的关系需要两个人的共同投入,以及对大小事都表示感恩。自从我们结婚以来,我陪伴着我先生从肩膀手术中顺利复原,也在他开设律师事务所时从旁协助。我的先生给予了我很大的支持,但我们俩都明白,我会全力回报他对我的爱。所以如果你仍在寻找伴侣的约会阶段,你一定要找一个能成为真正伴侣的人。

给约会新手的小叮咛

要是你有好长一段时间不曾约会了,你要知道现在有很多规则已经变了。例如你在跟某人见面之前,很可能连电话都不曾打过。你们只是用信息或手机软件"交谈"过,所以约会之后,对方不会打电话给你,而是发给你这样的信息:"我玩得很愉快,不过我觉得我们并不合适,祝你好运啰。"有时候甚至根本没有任何信息,这是近几年来发生的变化。

约会结束时,该由谁付账?某次演讲结束后,有位长相十分甜美的22岁女大学生来找我,她说她很想约会,但是她很烦恼:"这次见面该由谁付账?账单到我面前时我该说什么?"

我一向会主动提议由我付账,要不就是在该付账的时候,开始拿出我的钱包,因为我不希望跟我见面的人觉得他必须帮我付钱,或是让他以为我因为期待对方会付账所以前去赴约。但有些人可能不认同我的做法,认为应该由提议要见面的那个人付账,答应要赴约的人则不必付钱,关于这一点其实并无任何硬性规定。

如果你的约会对象带你去一家你负担不起的高档餐厅，或是点了菜单上最贵的餐点，而且大肆畅饮昂贵的酒类，而你只点了100元的主菜跟冰红茶，那你不妨只付自己的餐费。照理对方应该会说："这餐我请客。"但约会时除了信用卡之外，身上准备一些现金总是比较保险的。如果对方真的请客，也别忘了向他表达谢意。

那位女大学生又接着问我："如果我说我要请客，而且对方也接受了，那我还要再跟这个人交往吗？"这个问题的答案见仁见智，毕竟每个人的想法都不一样，所以我们很难知道对方究竟会不会付账。

我个人是这么觉得，如果你真的很喜欢某人，大可不必因为对方要求你分摊约会的花费，就跟他绝交，毕竟要找到一个各方面都非常契合的人并不容易。我就认识几对情侣，其中一人非常大方，另一方则比较小气，但他们的相处还是非常融洽的，所以我还是会建议你们可以继续来往。但如果约会几次之后，你发现对方对每件事都斤斤计较，令你觉得很困扰，或是每次约会都是你付账，而且你觉得对方根本只是为了吃一顿免费晚餐才跟你出来的，那我就会建议你跟对方绝交。

▷ **其他应注意的事项**

只要你抱持正确的心理状态，就不会那么害怕认识新对象。不过要注意的是，女生一旦进入约会模式，往往很容易陷入好莱坞电影式的浪漫情怀。有时双方的确是一见钟情，但有时恐怕未必是如此。所以我恳请各位记住以下这几条"戒律"，免得被冲昏了头：

· **听从你的直觉并找到志趣相投者**。如果你不知该如何填写线上个人资料，不妨找最了解你的家人或朋友来帮忙。如果你不喜欢网络约会，不妨加入某个团体，像是跑步俱乐部或是公益团体的委员会，或者烹饪班都行——总之，做一些你喜欢的事，说不定就会在那里遇上同样喜欢做这件事的未来的另一半。找个朋友跟你一起报名参加某个活动，而且你们要约好，除非两人都结识新朋友，否则绝不能中途落跑。即便你对某人没能产生火花，至少也能获得认识新对象的信心。

- **一定要"先友后婚"**。不论你是在网络上认识对方，还是由别人介绍在一起，最好不要还没见面约会就先互许终身。你觉得对方很迷人而且你俩真的很合适，这固然是件美事，但最好还是不要没见面相处过，就认定此人是你的真命天子/女。

- **双方要轮流讲话**。约会的时候，要口耳并用——不要自己一直说个不停，也不要什么都不说。约会就是要双方都投入才行。

- **还要不要再见面呢？** 约会之后，如果你觉得并不开心，而且不想再跟此人出去，那就别再见面了。我也曾因为想再给对方一次机会，而强迫自己跟不喜欢的人约会第二次或第三次。如果你还没那么确定，当然可以答应第二次约会，但如果第一次约会就让你坐立难安，我建议你礼貌地婉拒第二次约会。

- **不要随意人间蒸发！** 曾有个30多岁的人问我，如果他不想跟某个对象约会第二次，可不可以人间蒸发。我的答案是不行。请各位将心比心，对方原本有其他事情可做，却选择跟你见面，为此他必须梳妆打扮，搭地铁、坐公交车、打车或开车来见你，他为你花了这么多时间并跟你分享他的个人故事。如果对方并不是什么粗鲁无礼之辈，你至少该用信息告诉他："能认识你真好，但我觉得我们缺少爱的联结，不过我还是祝你好运。"这样才算对得起人家，如果你曾跟某人出去了几次，或是由彼此的朋友安排你们认识，就更不可以不告而别。但如果对方真的让你觉得很不自在，你不想再跟那人有任何牵扯，那我就同意你人间蒸发。

关于网络交友的建议

如果各位想通过网络交友找到另一半，请参考以下几点建议，希望能帮助各位获得正面且有效的经验：

- **呈现真实的你**。你在填写个人资料时，请附上最新的照片，而且画面要清楚，千万别拿多年前的照片或远距离拍摄的照片来糊弄。我的意思是不要拿一张没人认得出来的照片充数，也别放上你的宠物照，或是扮装照或戴上面具，也别只照身体的某些部位，想认识你的人会想要看到你的整张脸。
- **男士请勿附上浴室里的自拍照**。拜托各位男士别再为了秀你们的六块肌肉而晒出浴室里的自拍照，好吗？尤其是有些人在拍照时忘了关闪光灯，结果一个白球出现在镜子里，根本看不到你的脸。还是请朋友帮你拍张帅气的照片比较好。
- **别自拍下体照**。我真的记不清有多少次听到朋友抱怨说："好恶心啊，昨晚我跟一个很棒的男生出去，没想到今天早上那家伙居然传了一张下体照给我，你想看吗？"当然不想！除非你知道对方也喜欢这类东西，否则别再传这种恶心照片给别人了，好吗？
- **女生勿发清凉照**。别忘了这是网络，你无法控制你的照片流向何处。再者，如果你拼命营销你的性魅力，又怎能期待男生把你奉为女神呢？
- **已有对象者就别乱来了**。请你们远离约会网站与交友应用程序，我是说真的！我经常见到某人的照片突然出现在交友软件上，那其实来自他的社交媒体动态——而且主角正是他们夫妻俩，不是他的前妻，也不是亡妻，而是现任的妻子，那真的很不对。

- **配对成功！** 如果你在网络上跟某人配对成功，你无从得知对方是真的想要认识你，或只是他对目前的生活感到厌烦，随意地上交友网站逛逛，也有可能对方根本没有认真看你的个人资料，却意外地跟你配对成功。为了避免浪费你的精力，你最好立刻跟对方进行一些有意义的沟通，例如："嗨，洛可，你这星期过得如何？我注意到你喜欢旅行，我刚从西班牙回来，你去过那里吗？"或是说一些真正能够破冰的话，像是："嗨，妮娜，你好吗？希望你喜欢此刻的天气，这个周末你有什么好玩的计划吗？"这样你就能比较快知道对方是否有意跟你聊天。
- **安全第一。** 如果你要跟网友见面，请做好事前调查，你要尽量找到此人的一些信息，例如他的脸书页面或公司的介绍。当然，此人有可能完全没有参与任何社会活动，但你至少要确认他的存在。当你找到任何蛛丝马迹时，你务必要跟他先前告诉你的事做比对。如果你们有共同的朋友，一定要从他们那里尽量打听到此人的相关讯息，虽然你不必知道此人的每一个细节——但你要确保它们是合法的。我知道很多人的神秘约会对象劈腿，或谎报他们的工作、年龄、学历。

当你跟网友约见面时，你一定要约在公开场合，并且让至少一位朋友、室友或家人，知道你的行踪。自我保护专家卡西塔建议大家使用 Kitestring（www.kitestring.io）应用程序，当你感觉所在地方有危险时，它会通报你的家人。

为了帮你脱离不愉快的处境，事先请你的家人或朋友，在某个时间打电话或发信息给你，并表示他们要立刻见到你。其实只要你觉得情况不对，根本不必干等家人或朋友打电话给你，而应立即向对方表示你另有要事，必须马上离开。

如果你跟对方聊得很开心,你可以决定是否要送对方回家——同理,要不要让对方送你回家的决定权也在你。安全约会的关键在于相信你的直觉,而且不要迫不及待地想要认识这个新朋友——如果你们互看顺眼,往后多的是一起看电影的机会。最后且相当重要的一点,许多人发现小酌之后比较容易认识人,但不论你们是在餐厅吃饭,还是在派对或某人家中闲聊,你都要留意自己究竟喝了多少酒,而且眼睛随时盯着你的饮品,提防不法之徒在酒中放入有害之物。

我的约会奇谈

我在撰写本书期间,曾为各个年龄层的客户提供恋爱咨询服务;每当有人聊起他的恋爱故事,我都会试着分享我曾经历过的状况,无非是希望能帮助他们记住,明天太阳一定会再升起——而且大笑真的是最棒的神药。以下有些故事是我个人经历过的,有些则来自朋友的分享。我希望各位看了之后能会心一笑,并明白其实我们每个人都有过离谱的约会经验。

▷ **腹泻哥**

有人约我周日晚上8点在曼哈顿的一家酒吧见面。我进去后发现他正坐在吧台观看棒球赛。我走过去跟他打招呼,问他是要继续坐在吧台,还是坐到用餐区的座位。他秒答:"我要继续坐在吧台看球赛。"虽然我并非棒球迷,但我想陪他看一下应该无妨。

那人只把两成的注意力放在我身上,其他八成全在球赛上——但他突然站起身来并且大喊:"要命!我快拉出来了!"接着他便狂奔而去。

几分钟之后,他从厕所发信息给我:"墨西哥菜虽然很好吃,但也有缺点，我可能还要再留在厕所好一阵子。"

20分钟后，他回来了。我问他还好吗，他有气无力地说："你知道吗？我一到这里肚子就怪怪的，我觉得它就快要拉出来了。你懂吧，就是胃里头不停地翻搅，让人觉得快要爆炸的那种感觉。"

这时候服务生过来问我们要不要再来杯啤酒。他说："好啊！我想再来杯啤酒！我刚刚才清空了一些玩意儿，现在又有空间可以容纳新的啤酒了！"

我问服务生，我点的健怡可口可乐多少钱，然后把钱放在吧台上（他从头到尾没说过要请我）。我告诉腹泻哥，我会跟我们共同的朋友说，我们已经见过面了。他说："你真的需要早起。如果你必须先走，请自便，不必客气。"我感谢他的体谅，然后一路大笑着回家，这真是个蹩脚的约会经历。

▷ 逃跑哥

我带某人去参加一场派对，但是派对结束时却找不到他的人，最后我终于找到他，原来他正跟我的另外一位朋友在楼梯间"鬼混"。

▷ 睡衣哥

某个周六，我跟一位网友约好一起吃早午餐，没想到他居然穿着睡衣来赴约。他说："我只会在第二次见面的时候，穿上要送干洗的高级衬衫。因为纽约的干洗费实在太贵了，所以我想，我又不知道我会不会喜欢这个女的，干吗要浪费钱穿衬衫呢？"他只叫了杯气泡水（喂！我们不是说好要吃早午餐的吗？），并且说："要是我们看对眼了，我就可以划掉我的人生清单上的一个项目。"于是我问他是哪个项目，他回答说："我一直想跟新闻主播睡一回。"接着他便把每个女主播的小秘密告诉我。# 可怕的家伙 #

▷ 撒谎哥

这个人是我大学期间在纽约实习时认识的，他告诉我的信息，包括姓名、家庭以及念过的学校，全都是假的。当时他告诉我，因为他家族信奉的宗教十分保守，所以他害怕要是他的家人知道我们正在交往，恐怕会跟他断绝关系。我们只交往了两个月，便在暑假结束时分手了。

当时我以为我们之所以分手，是因为我要回西北念大学，而他要开始念法学院。但几个月后，我遇到一个曾经跟这家伙交往过的女生，她告诉我这个渣男其实已经结婚了。这个消息令我非常难过，要是他说实话，我很乐意跟他当个普通朋友，我根本不想当个介入别人婚姻的第三者。

▷ 盗用哥

这家伙盗用别人的身份来填写他的线上资料。我们曾经通过电话聊了数次，他提到他工作的医院，以及他因为母亲死于癌症而从医，甚至还聊到他为了纪念母亲而成立的基金会。

我们原本约好在某晚见面，但他临时发信息来说，他在急诊室里走不开，那是我最后一次听到此人的消息。幸好当晚我要跟朋友一起参加一场慈善活动，所以没去约好的地方见他。后来我才知道那家医院根本没有这名员工，而他所说的基金会也不存在。我完全不知道当初在电话线的另一端跟我聊天的人是谁。而这家伙后来竟然用相同的资料跟我的朋友来往，真的太差劲了！

▷ 跳舞哥

我在网络上认识的某个男子，筹划了最有创意的一次约会——探戈课！不过我要告诉各位：如果你刚认识某人，而且你觉得你们根本不来电，却被迫要跟他脸贴脸、胸贴胸、手牵手跳上 1 小时的热舞，那真的是尴尬到不行。虽然我觉得学跳探戈等到第二次约会比较好，但我还是要称赞一下他的创意。#幸好我有先冲澡#

▷ **省话哥**

这家伙回答问题永远只有两个字。

我："你这个星期过得如何？"他："不错。"

我："你说过你爸来看你，你都带他去哪里了？"他："吃饭。"

我："不错喔，你们去哪里吃饭？"他："餐厅。"

在我绞尽脑汁硬跟他聊了 90 分钟之后（其中 89 分钟都是我拼命地没话找话讲），他站起身去上厕所，我就趁机看了一下我的手机，结果我收到了有封关于时装周的邮件，我赶紧向省话哥表示我有工作必须要处理。于是我们一起去柜台结账。在我们互道再见之后，他却开始发疯狂的信息给我：

"这是我平生最短的一次约会。""我认为你在撒谎，你根本没有工作要处理。""我讨厌别人胡说八道。"第一，我真的是有事情要处理；第二，我们约会一整晚，他几乎没说什么话，我都快被他搞疯了。

▷ **吃手哥**

我曾经跟一个看起来很斯文很正常的人约好一起吃早午餐。这是我们第二次约会，我们相谈甚欢，所以约好下次一起看电影。看电影时他拿起我的手，我正心想这举动还蛮甜蜜的，但接着他却立刻把我的手放进嘴里，并且开始吸吮。我实在是很想大喊"搞什么鬼啦！"，但又怕影响到其他人。虽然我非常震惊，但我还是很有礼貌地把手抽了回来，并且两手抱胸交握。#超倒霉的#

▷ **中介哥**

我应知名主持人史蒂夫·哈维（Steve Harvey）之邀，去上他的脱口秀节目，还让史蒂夫帮我在节目中安排一场约会。那集的主题是"房地产中介是最棒的约会对象"。我最后选中的那位男士转头对我说："谢谢你选中我，我希望他们下次还会找我上节目，这样我就可以再卖出好几间房子了。"

▷ **魔鬼教练哥**

我的身材并不娇小，某天有个男生约我出去，虽然我们俩在很多方面都很像，而且有共同认识的朋友，但我还是很意外，他居然会约我，因为我知道他只喜欢身材纤瘦的女生。我原本以为他可能是变成熟了，不会再那么肤浅地只重视女生的外表，但没想到我们每次见面，他都会事无巨细地盘问我那天吃了什么，甚至是每一餐吃的内容，以及我做了多少运动。这真的太蠢了。

▷ **口香糖哥**

嚼过的口香糖不可以吐在哪里？答案是任何地方，包括桌子底下。我跟口香糖哥的第一次约会是在一家非常棒的餐厅，但他一坐下来，就把嘴里的口香糖拿出来，并且粘在桌子下方。看到此情此景我整个人吓呆了，而且他对服务生的态度很差。尽管我一刻都不想久留，但我还是勉强待了 44 分钟后才落荒而逃。恶心！

▷ **告解哥**

不知道为什么，我经常遇到初次见面就向我倾诉他们不为人知秘密的男生，例如被逮捕、偷东西、恨爸妈、厌世——有些人讲到泣不成声，有些人则把我当成他的心理医生，将所有的烦恼全部一吐为快。

而我也会不厌其烦地告诉这些人，可以求助哪些机构化解他的悲伤、愤怒与痛苦。

▷ 友宝哥

我跟友宝哥约在一家酒吧见面，我们是通过交友应用程序认识的。当我们找到彼此时，他介绍我认识那位陪他一起来的朋友，当下我心想：谁会带着朋友一起来约会？

当我们开始闲聊后，我发现场面变得更好笑了，友宝哥和朋友完全沉醉在他们俩的共同话题中。最后我决定先行离开，让他们俩好好享受今晚的约会。但我实在忍不住，一路笑着回到家。

▷ 约会糗事大分享

苏西："我曾经跟一位入殓师约会，结果他竟然开着灵车来接我。"

亚曼达："我曾经跟某个男生约会，我们本来约好在他家看电影，结果我们一直在聊天，途中他突然表示：'我觉得我已经相当了解你了，所以我可以给你看样东西吗？'我心想：'天啊！他要壁咚我吗？'结果并不是，他把我带到他的房间，那里竖立着一根钢管，然后他问我：'你打算怎么做？'我二话不说立刻转身离开他家。"

布莱德："我跟一位在餐厅遇见的女生约会，她走进来的时候，身上几乎一丝不挂。我赶紧请她把外套绑在腰间，因为她没穿内裤，而且每个人都看得出来。她这种爱裸露的风格令我很不自在，但我并不打算让她难堪，所以我们一起喝了一杯之后就分道扬镳了。"

吉尔："我跟一位网络上认识的男性约会，他是个运动员经纪人。那天他因为脚踝扭伤所以晚到了，他一进来就跟我借20美元要付出租车费，说是因为自动提款机不读他的卡，还说待会这顿由他请客。但约会结束时，他打电话给他的'司机'，并且送我去搭那部已经付了钱的车。但那辆'轿车'其实是个叫杰隆的人开的出租车,而且在我坐上车后,他也跟着挤进车里。这时服务生追出来拦车,因为他根本没付钱!他大声咆哮:'我付过钱了!杰隆,开车!'杰隆立刻把车开走了。我问他是否付了100美元的餐费,他说:'当然,我扔了150美元在桌上。'我说:'要是你真有150元,那你干吗跟我借20元?'我叫杰隆停车,并且立刻下车,离开了这个莫名其妙的家伙。"

布雷特:"有个女网友特地开了1小时的车来见我,她说为了避开塞车,所以她会提早到,并先去做美甲等我下班。我告诉她,因为她那么大老远过来,我很乐意帮她付美甲费。当我去拿回我的信用卡时,我发现金额居然高达220美元,我完全不知道她还做了什么。"

看完这些"可歌可泣"的约会糗事之后,我们要来谈点正经的。约会其实不轻松——因为在现今这个社交媒体当道的世界里,每个约会都可能被人用放大镜检视,或是流传到全世界,但如果你还不打算放弃,那我们全都会为你加油打气。

约会也有值得称道之处,它让我获得很多的故事构想,交到新朋友,甚至有一群无缘做夫妻的男士加入了我主持的慈善委员会一起做公益。所以我很想帮助各位享受这一过程,并找到你的天赐良缘。

众人皆弱你独秀?

许多青少年朋友问我,他们还没谈过认真的恋爱(a serious relationship,指以结婚为目的的正式交往),是不是他们有什么问题。如果你也曾问过自己相同的问题,我相信你肯定是个很有内涵的好人。其实有些人是因为家长禁止或宗教方面的原因,还有些人则是因为忙于打工或必须照顾家人,而没有机会谈恋爱或约会。

如果你已经成年了,但从未谈过认真的恋爱,不妨考虑加入合适的社群，而且要勇敢地请朋友帮你介绍安排。很多客户告诉我，他们早就准备好要迎接命中注定的另一半，却不敢主动追求心仪的对象，也很排斥网络交友。另外一些人则表示，他们非常想要谈恋爱，可是当我替他们安排对象时，他们却开出一堆条件，例如要求女方体重不可超过 50 公斤、男方的年薪必须破百万。还真敢想！

拜托各位别那么挑剔好不好，天底下哪会有那么完美的人等着跟你结婚？你应该敞开心胸接受缘分的安排。约会其实跟经商差不多，我们必须大胆采取行动，否则根本无从得知成功的配方是什么。

不想约会又何妨

我的好友请我跟一位名叫希妮的年轻小姐聊聊，她是在一场婚礼上遇到希妮的。担任伴娘的希妮在婚礼上的致词大获好评，而且她本人也有意当一个励志演说家。当我跟希妮通电话时，她告诉我她目前只想全力冲刺事业，完全无意约会，因为她对目前的工作很不满意，所以想要有所改变。如果你也像希妮一样，暂时不想谈恋爱或约会，有何不可？你完全不必听命于任何人，来告诉你该在什么时候做什么事。如果你已经空窗 10 年，现在终于想要谈场恋爱，你尽管大大方方地"重出江湖"。总之，要不要约会谈恋爱，是你的自由。而且我完全相信，你现在暂时闭关，努力于自我成长，他日将会吸引到在爱情和事业两方面皆与你匹配的人。

单身绝非公害

当初我在撰写本书的第一个版本时，已经 35 岁了，还是单身。我年轻时若有人问我，35 岁时的我会是怎样，我的回答可能会是这样：

"我在 NBC 上班，已经结婚了，而且有两个小孩。"但现实完全相反，35 岁的我仍在约会，而且忙着经营自己的公司，以及奔波全美各地巡回演讲，同时担任纽约第一新闻台的特约记者。我的真实人生跟我年轻时的想象截然不同，但那又怎么样呢？

在大多数情况下，我对自己的单身生活还挺满意的，但若遇到下列情况，我就会有点沮丧：

- 约会对象糟到令我后悔，觉得还不如待在家里做点事。
- 参加某个单身派对，遇见之前认识的人，发现他不放过任何机会想要钓人上床。但不少女生却常自我欺骗以为自己已经赢得了某个男生的"芳心"，没想到对方却在别的派对中，拼命地对别的女生献殷勤，导致原本是朋友的女生们反目成仇，并且互相说对方的坏话。这种情况实在令人作呕。而且我很讨厌参加那种活动，来的全都是爱玩的人，他们恨不得跟每个女生都有一腿。我觉得那种心态真的很可悲。

更糟的是，我知道有些人认为我跟同年龄的人相比，堪称略逊一筹，因为我既没结婚又没小孩。我把这群人称作自以为聪明的愚人（sillies）。我很想对他们说："我认识一些结了婚且有小孩的人，他们过得很悲惨，所以我不明白你凭什么认定某个人只要结了婚且有小孩，就一定会既快乐又成功。"真的气死人了！

那群自以为聪明的愚人，老是问我一堆问题，仿佛他们有办法揭开"这就是你为什么一直单身"的谜底。他们根本不管我明明花了那么多时间约会，劈头就审问我：

- "小杰，你是不是眼光太高了？"

- "你是不是太忙于工作了?"
- "你是不是太拼事业了?"
- "你讨厌男人吗?"
- "你还忘不了前男友?"
- "你是不是想要吓跑男人?第一次约会的时候,最好少提你的成就。"

这些质问,让我明白了有些人对于单身有多么不理解。它还教会了我,有时候人们喜欢把他们自己的问题投射到别人身上——要不就是他们只喜欢听自己讲话。

其实上述每个问题的答案都是否定的,我一直都很积极地安排约会,我在好几个约会网站都注册了,还请媒人帮我安排相亲。而且就像我前面提过的,我甚至还上了史蒂夫·哈维的脱口秀节目,并让他帮我安排约会!所有该做的事我都做了。

我之所以没跟那些约会过的人结婚,是因为我知道他们并非我的真命天子——或是他们知道我并非他们的真命天女。

当我们在某个班级或某个工作中过得很悲惨时,我们可以改上别的课程,如果是在职场里,我们可以申请调职,或干脆辞职不干。但是遇到了明明不适合的恋爱关系,要相信自己的直觉却很困难,这实在太莫名其妙了。其实我们每个人比自己以为的还要聪明,绝对有能力掌控自己的约会生活,所以各位一定要相信自己,不必理会别人说什么。

给自己一次机会

如果你设定的理想伴侣,要能够理解与支持你整天为了热爱的事业而奔波,要通过约会丛林的考验就更难了。你白天就已经忙得不可开交，到了晚上又要经历求职面试般的约会过程，就为了要找到你的另一半。约会跟求职面试最主要的差异在于，你要同时扮演两种角色：你既是真命天子／女的申请人，同时也是真命天女／子的候选人。

但你的人生中，时不时都要来上一段心无旁骛的时期。不论是为了应付考试而念书，还是为了招揽新客户而准备方案，或是准备一场表演，或是创立一家公司，你全都必须铆足劲拼一场。就像上一章介绍过的玛莉莎烘焙坊的老板玛莉莎，她在创业初期曾经全年无休工作了好几年。

如果忙碌的工作已经成为你的生活支柱，那么你根本没必要进入约会模式，你应该问问自己："我真的想要谈恋爱吗？"如果你花点时间仔细思考恋爱关系可能会为你的人生带来哪些正面效益（有人陪伴、支持、欢笑、亲密关系），或许你就不会那么害怕去约会。面试时，我们必须充满信心地走进会场，并提醒自己，不是只有我们希望能被录取，其实人事主管也跟我们一样，希望我们就是这个工作最适当的人选。因为天底下没有哪个人事主管，想要天天都面试新人。

同理，尽管有些人对约会乐此不疲，但绝大多数人都期盼第一次约会就能缘定终身。因此，尽管有时候跟工作约会很好，但却不宜过度乐在其中，这会阻碍你的恋爱关系。你要设法在忙碌的生活中抽空出来认识人，并且趁机尝试一间新的餐厅，学些新事物，甚至是以不同的方式点杯咖啡，约会还是能为你带来一些好处的。

我希望各位在读完本章之后，对于约会不再那么胆战心惊，而且我希望各位不必像我一样，在约会场上"身经百战"。不过下回如果你又遇到不来电的约会对象，别忘了大家都有过一箩筐的失败经验。

约会时请记得，除非遇到跟你一样想定下来的对象，否则不必浪费你的时间。以结婚为前提的恋爱关系，有点像是大写的英文字母H，两条平行线靠着中间的一条横杠联结在一起——看起来就像是这两条线手牵着手互相凝视对方；而大写的英文字母V，虽然有共同的起始点，但随后则是两条线各自奔向不同的方向，分开的力道强过试图联结两条线的力量，所以两条线只会往不同的方向渐行渐远。回想你过去的恋情——你们是否朝着同样的方向前进呢？你们想要的东西是一样的吗？如果不一样，那你就要挥剑斩情丝，并且我祝福你很快就能挥别情伤。

还有别忘了：

- 认真思考你想要哪种类型的伴侣，并按照此标准找寻。
- 认真思考你要对这段恋情做出哪些贡献。
- 不论你是约会新人还是情场高手，要记得你的价值观或安全绝不能妥协。
- 不要为爱而失去自我。
- 如果你需要暂停一下喘口气，别硬逼自己出去约会。

如果你已经单身一阵子了，该是重返约会战场的时候，可是你却觉得很难踏出第一步，请看看下一章，我要告诉你如何挥别过去。

第十四章 分手的艺术

> 你本该在健身房里，毕竟你都换好衣服了，而且手上还握着心律调节器。但敌不过好奇心的驱使，你想看看你的前男友是否发了新的文章（虽然吃午餐的时候你才看过）。没想到你欲罢不能，光看一个网站还不够，你逐一检查他所有的社交账号，确认你是否已经被新人取代。你在不知不觉中错过了群体训练课程，决定干脆叫外卖当晚餐，今晚就来追《权力的游戏》吧。#网飞追剧过一晚#

如果你明知某人对你不好，却怎么都忘不了他，无法放下这段恋情，我想请你问问自己："如果有朋友来找我，说她认识了一个人，而她形容的人就是令我伤心的前男友，我会让她继续跟那个家伙交往吗？"我相信你的答案肯定会是：绝对不行！

如果你之前曾经写下理想伴侣应具备的条件，此时正是拿出来比对的好时机，你的前男友符合吗？如果答案是否定的，或许就能帮你认清现实，断开这段孽缘。

我们常会被过去的记忆纠缠，并因为担心自己会孤独终老，而勉强迁就现有的一段烂桃花。但各位一定要切记，感情必须两情相悦才能天长地久，单靠其中一人独撑大局或百般忍让是不够的。

如果你交往的这个坏人只在乎自己，把你当成自己的附属品，这绝对不是一场地位对等的恋情，对方迟早会认定你不是他的真命天女/子而甩掉你。当然，也可能是你想通了，想要找个像你一样，真心关怀对方的人来当伴侣。

我知道这些道理说来容易做来难，但这些都是我亲身经历过而学到的惨痛教训。幸好当我领悟恋爱的真谛之后，我的感情生活便开始有了起色，并且顺利地开花结果。

> 我的故事：别再替自己找借口了

某个周日早晨，我一觉醒来后，竟然莫名其妙想起前男友："天啊，杰克随时都可能跟某个女生订婚。"但我其实已经几年没见过他了，也有好几个月未曾听到他的名字；可是从我忽然想起他的那一刻起，我的心情就变得很低落。

事实上，我们在3年前就分手了，之后我也有了一段新的恋情。但那一整个月，我一直觉得自己好像又跟杰克分手了一次。我完全搞不懂为什么会这样，我明明好长一段时间未曾想到他（也未思念过他），这件事真的好奇怪。

几个星期后，我的祖父过世了，他出殡的那天恰好是杰克的生日，两个悲伤的日子无意间撞在一起。更巧的是，杰克就在那个星期订婚了，但让我感到意外的是，当我朋友打电话告诉我这件事的时候，我并没有伤痛欲绝，而是做了一番深刻的自我反省。

那几天我一直问自己：

- 如果他能找到某个人并且订了婚，那我们没能继续交往下去，难道原因出在我身上？
- 既然他找到了别人，那我跟他分手对吗？我应该没做错，而且我们不适合彼此，对吧？
- 要是我没跟他分手，那今天订婚的就会是我们俩？
- 因为我对伴侣的要求不只是结婚而已，所以没跟他结婚，我应该觉得松了一口气？
- 我对伴侣的要求不只是结婚而已，难道错了吗？
- 要是我早点随波逐流，就不至于搞到现在还嫁不出去？
- 他真的爱那女人多于爱我吗？

幸好最后我终于想通了，并明白就算我真的可以跟那个女的易地而处，我也不愿意那么做。因为我已经在分手的当下，对于那段感情做了正确的处置，虽然我的心还爱着他，但是我的直觉告诉自己："不行，我要的不只是这样。"

打电话来通知我杰克订婚了的那个朋友，也跟我形容了杰克的未婚妻，我这才知道她跟我多么不同，这让我觉得心情好过一些。我总算明白了，我并不是因为跟杰克分手而难过，我难过的是没能拥有生命中那份特殊的感情，但我还是替他感到高兴，他找到了最适合他的对象，这是件很棒的事。

▷ **有舍才有得**

所以如果你因为前任已经另结新欢，而觉得有点不是滋味，这乃是人之常情。其实长远来看，那个人的新恋情根本没什么大不了的，它只会在今天令你心痛，或许明天也还会痛。但你千万不要忽略了生命中其他的美好事物，如果你需要把这些好事写下来，并且每天看一次以提醒自己，那就做吧。千万别钻牛角尖，非要拿下面这些问题来折磨你自己：

- 为什么新娘不是我？
- 为什么我那么难找到对象？
- 什么时候才会轮到我结婚？

我希望能写一本书来回答所有的问题，但其实我没有答案，你恐怕一时之间也想不出答案。你不妨从这个角度来思考：你从上段恋情学到了哪些教训？下回等你又想谈恋爱的时候，记得把它们用上。

要是你不巧在街上遇见你的前任跟他的新欢，我知道，任何人遇到那样的场面，肯定都不好受。你不必故作潇洒，你只需用一句话把负面的情绪改正："旧的不去，新的不来。"

你可以这样安慰自己："唯有抛开悲伤，我才能因为决心拥有一段健康的恋情而充满力量。"人生本来就够艰苦了，千万不要自暴自弃，何况那人根本不值得你这么做。你也别光在脑中重复回想旧恋情中美好的部分了，而应该记住那些痛苦的时光，以及让你明白这个人并不适合你的那些点点滴滴。你会继续过着你该过的人生，这个失恋经历其实是健康的，因为它让你认真思考自己的分手决定究竟是对还是错，并且点出你有哪些缺点。总有一天你不只会赶上你的前任，而且你还会谢谢对方把你带到了一个更好的境地，以及最终让你找到更适合你的那个人。

虽然爱极有力量，但光靠爱并不足以维持一段恋情。我曾经谈过几段非常认真的恋爱，虽然为男友付出了一切，但仍然无法掩盖那铁一般的事实：我们是不同的人，各自处于人生的不同阶段，想要的东西也完全不一样。所以你可以坦然接纳你的感受，不论你是想大哭一场，还是想开聚会庆祝，或是想找朋友诉苦取暖，或是想拼命跑步直到腿软为止，你需要一段时间让你的心伤慢慢疗愈。

分手是一种调整，尤其是跟一个已经约会了好长一段时间的对象分手。如果你们之前是朋友后来才成为恋人，原本就需要一些时间理清这个转变。此时此刻你该对自己友善一点，你身边的朋友有时候会说出发人深省的金玉良言，但有时候他们却可能会讲出令你不以为然的老生常谈。虽然他们是出于好意，但也可能惹得你不开心。

你只要记住，等你年纪更长时，你会感谢自己的分手决定。老实说，当我回顾这辈子谈过的那几段最认真的恋情时，我发现我在35岁以前，根本没遇见对的人；不过我也很清楚，那些年的恋爱并没有白谈，因为他们帮我找到了最适合我的那个人。

▷ **挥别错的才能和对的相逢**

你配得上更好的对象。如果有人伤害了你的心灵或是伤害了你的身体，那都是不行的。如果你还在念书，找个你信赖的人谈谈，不管是朋友、亲戚、辅导老师、志愿者或是医务室阿姨都行。

如果你已不是学生，同样找个你信赖的人谈谈，你可以跟亲友陈述你的遭遇，或是跟专业的心理咨询人员倾诉，或是向支持团体求助。

总之，不要自己一个人默默地承受这一切。天底下没有任何一个人可以肆意伤害你，如果你认为你是活该才会遇上这种不健康的恋情，那么你的想法大错特错，没有人可以在任何方面对你造成伤害。

如果你因为曾经目睹或亲身经历过某种不良状态，而再度陷入这种不健康的恋情，你该勇敢地打破这个恶性循环。如果你刚结束了一段不健康的恋情，我为你的勇敢喝彩，因为斩断烂桃花其实是件很不容易的事。请将重心放在自己身上，不要忘记每个人都理应享有安全与快乐的恋情。

▷ **学习自我保护**

如果你需要协助，可拨打110报警或妇女维权热线12338。警察及相关人员会阻止施虐者施暴，并护送你到医院或保护中心。

▷ **快乐的能力**

人生并不像庆生会那样，每个人都能同时分到相同大小的蛋糕，但也不会因为朋友很快乐，你能够分到的快乐就会比较少。当你结婚得够早时，你会非常希望有很多人来参加你的婚礼。但我想请各位记住：快乐并不是一堆"除非……否则……"的命题，例如：除非你结婚了，否则你不会快乐；除非你升官了，否则你不会快乐；除非你（请自填内容），否则你不会快乐。快乐其实是一种选择，只要你愿意找出什么事情能让你快乐，并且保持够开阔的心胸，让那些事情找上你，你就会非常快乐。

分辨人生真伪

当你心碎时，你要真心替别人感到高兴并不容易。但如果你身边充斥着那种自己不快乐就见不得别人快乐的人，其实也挺恼人的。如果你也是那样的人，请先花点时间搞定你的问题吧。

你可以参考第三章提到的各种让自己快乐的方法（那些方法或许看起来没什么了不起的，但确实挺管用的），努力爱你自己以及身边的人，并且庆幸自己是被爱的。快乐不假外求，能让你快乐的所有东西，其实已经存在于你心中；你一定要跟真正值得的人，一起分享你的快乐。以下是大幅提升你的快乐指数的方法：

- *别轻易相信你在网络上看到的每件事。* 你的朋友正在谈恋爱，就算他们爱得高调也不代表他们一定比你快乐或成功；如果他们因为正在谈恋爱，就摆出一副高你一等的姿态，我其实会质疑他们是否真的快乐，因为真正快乐的人，才没那个闲工夫不停在网上秀恩爱。需要别人认证他们很快乐的人，真实人生恐怕不像表面上那么开心。你的人生不是由有多少人关注你或喜欢你来定义，而是取决于有多少人支持、尊重与喜爱你的真实人生。

- **事情背后肯定另有文章**。别再花那么多时间在网上关注别人了，我们已经在这本书里讨论了那么多，你根本不清楚别人的真实人生是怎么一回事。在你拿别人的人生来评量你的快乐之前，请记住，这些人并不知道你人生的所有细节，你也不知道他们的。如果你看完所有人的动态之后，开始自怜自艾，请暂时放下你的手机，回头重读本书的第一章，并且大声念出你的醒世箴言：放下手机，抬头见喜。

- **年龄只是个数字罢了**。每个人的人生里程碑不尽相同，有些人少年得志、有些人大器晚成，后者的故事同样有个快乐的结局，所以你的故事只是还未到达精彩的高潮罢了。

- **光阴宝贵莫要浪费**。在你遇见命中注定的那个人，并且跟对方约会、结婚或经历各种美好情境之前的这一段时光，都是一去不会再复返的。这段时间不论长短，都无法再存入你的人生账户里，所以哪怕只是1秒钟，都不应拿来悲叹自己没人爱。认真过好你的日子，做些能够让自己开心的事，并确认你挑选的那个人，能跟你一起分享你的快乐。

想要掌控自己的约会生活,并找到正确的另一半,你必须能够挥剑斩情丝,勇敢斩断烂桃花。这并不是件容易的事,但如果你真的很想拥有一段美好的恋情,那你就得设定人生的优先顺序,这样你才可能事业爱情两得意。请各位试想以下状况:

- 如果你到目前为止还无法诚实面对自己的人生状况,就从今天开始努力改进。
- 是哪些原因使得你沦落到今天这步田地?
- 如果你的心胸狭隘不够开阔,你是否愿意改掉这毛病?
- 如果你一直埋首于工作中,你能否推掉下个项目,给自己一点空闲开展社交生活?
- 你是否注意到自己每星期都要跟一个刚认识的人出去玩,并享受那种新鲜感?
- 你该怎么做,才能让你的快乐完整无缺?

如果你目前正在经历一段艰困的时光,我将会在下一章介绍一些人的励志故事,帮助你化悲痛为力量。

PART 6

不用滤镜，活出真正的自我
Finding Your Happy Place

许多人生的考验都犹如一把双刃剑，虽然会使我们受到巨大的冲击，但同时也会为我们带来一些小小的奇迹。如果你正遭逢突如其来的打击，你应该寻求支援而非独自面对；当你调整脚步化险为夷后，你还可以思考是否参加合适的活动与组织，将你的经验分享给他人，借助社群的力量，凝聚群体智慧一起达成助人的目标。

第十五章　危机就是转机

> 不论那是某人的忌日、生日、假日、母亲节还是父亲节（以及这类场合），总之，那是个你非常不想面对的日子；你登上社交媒体跟大伙分享你的心情——却只是让你更忘不了当时你在"那一天"的状况，你回忆着你和心爱的人一起庆祝的场景，不禁悲从中来。#只想整天窝在床上哪儿也不去#

我曾应 TED Talks 之邀做了一场演讲，主题是我们人类跟蜜蜂有多像：当你被蜜蜂蛰了之后，你会选择去蛰别人，还是会飞向世界、酿制蜂蜜呢？我们每个人都拥有化愁苦为力量的能力，而且每一天都可以选择要改善自己还是别人的人生，但是当我们遭逢锥心之痛时，我们恐怕很难做到。

人生中难免会遇到突如其来的打击，像是你原本很高兴可以提早下班回家，没想到却意外撞见你跟另一半的床上，摆放了一件陌生人的外套，抑或是听到医生宣布了重大的坏消息，这些意外的挫折往往会令我们招架不住，不知如何是好。

当我们遇上了重大的医疗决定、灾后的清理与重建、被迫搬离住所，或是任何一种会严重打乱原本生活步调的经历时，我们感觉就像被困在流沙里动弹不得。真人秀《幸存者：非洲篇》（Survivor: Africa）的获胜者伊森·佐恩（Ethan Zohn），曾是职业足球员，却两度患癌。他说自己之所以能够活下来，是因为坚信危机就是转机："我们每个人都只能在地球上短暂停留，所以当你还活着时，你要充分利用每一天，从每个危机中学到教训。而且让别人快乐，就是我们送给自己与对方最棒的礼物。"伊森就是秉持着这样的信念，才得以在人生最黑暗的时刻，化悲痛为力量。

化悲痛为力量

在长达 18 年的时间里，活跃的伊森不但是杂志封面的常客，而且主持电视节目、到各地发表演说。在赢得《幸存者：非洲篇》的冠军之后，伊森更是带着从事公益活动的热情跃上国际舞台。

伊森在马萨诸塞州大波士顿区的莱辛顿镇长大。他表示："我 14 岁的时候，父亲便因癌症过世，后来癌症也找上了我。幸好我的家人、同学、队友、师长以及整个社区的人都全力协助我康复。"伊森表示，他觉得孤单无援时，多亏了周围亲友的全力相助，不但让他获得了力量，还强化了自己的价值观："当时我压根不知道，孤单将会在我以后的人生中扮演重要的角色。"

2001 年，伊森确定要参与《幸存者》第 3 季。他指出："当时制作单位只是简单地跟我说，我要在全球数百万观众的眼前，进行一项社会学实验。但我万万没料到，那场实验是只身一人被困在肯尼亚，既没有家人朋友的陪伴，也没有科技产品可供使用。那份孤寂与隔离感实在难以形容。我全身上下除了背包里的衣服，就只有一个花式毽子（hacky sack），那是我父亲留给我的遗物。"

伊森指出，除去所有跟生存无关的事物之后："就只剩下我跟我的本能——人在没水、没食物，又渴又累时，你的本性就会表露无遗。你身上唯一仅存之物就是你的品格、毅力与求生意志，也就是你的人性本质。"

当伊森领悟了人只有靠自己才能生存与繁荣的道理之后，他便把花式毽子送给了一名肯尼亚儿童："这虽然是我全身上下最值钱的宝贝，却也充满了我思念亡父的无尽伤痛，所以我决定把它送人。那其实是个相当纠结的决定，对我而言那只是个小玩具，但是对那个小朋友来说，却是一件奢侈品。结果你猜怎么着？这个举动不但让我得以化悲痛为力量，而且为别人带去了真正的快乐。"

最后伊森赢得了求生比赛的冠军，并且获得高达100万美元的巨额奖金，他决定让这笔奖金变得更有意义。他与朋友共同创立"草根足球"（Grassroot Soccer）这个慈善机构。它的官网说明是："我们是为了促进青少年健康而成立的组织，期盼以足球的力量启发及动员发展中国家的青少年，帮助他们过上更健康、更充实的生活，并成为改造社区的小帮手。"该组织目前已在全球50个国家设有站点，并有超过130万名青少年参与他们的课程。

而且他们最酷的宣传活动是"3v3 Pick Up Tournaments"，这是由青少年自己筹办、"草根足球"协办的公益募款足球比赛，在全美60所高中及大专学校都举办了这项活动。

伊森通过"草根足球"帮助世人并带给他们希望，但人生却不断地考验他，伊森在结束真人秀的拍摄工作后，自己却成了需要别人帮忙的病人。伊森在2009年4月被诊断出罹患了罕见的何杰金氏淋巴瘤（CD20+Hodgkin），并接受了数次化疗、22次的放射线治疗，以及1次自体干细胞移植手术，但20个月之后癌症复发："我的生命必须仰赖素不相识的陌生人，捐款赞助一种名为Adcetris的癌症用药的研究。我就是靠这种药得以延续生命的。"

伊森的弟弟李伊则是他最重要的救命恩人，因为他的基因与伊森完全相符，所以只有他能捐赠干细胞给伊森："朋友以我的名义筹办了多场慈善募款活动，用来支持癌症用药的研究，结果我个人也因此而受惠，所以我觉得我必须为那些跟我有相同遭遇的人做些事情，帮助他们战胜病魔。"

伊森经常上媒体受访，并录制他在医院接受治疗的影片，还担任《对抗癌症》节目与血友病暨淋巴癌学会的代言人："我把自己的病情公之于世，也把生活的所有细节摊开在世人眼前，目的是希望能够给其他病友带去希望，鼓励他们继续对抗病魔。让世人了解癌症的最有力工具，就是把我们这些患者的状况分享给其他人知道。所以我们正在打造一个网络，让世人了解癌症的真实情况。"

▷ **人人都能出一份力！**

尽管很多人以为《对抗癌症》（*Stand Up to Cancer*）这个节目跟演艺圈有关，因为他们请来了许多大牌明星在电视上募款，且已募得1亿美元的善款捐赠给美国癌症研究协会。但其实就算你只是个普通老百姓，也可以出一份力。

▷ **伊森给癌友与照顾者的建议**

当你的健康出了状况或是被诊断出罹患某种慢性病时，你可能会觉得人生没希望了。更何况如果你为了对抗病魔，而必须放弃原本设定的目标与志向，你的心情肯定很沮丧，但伊森说你其实是有选择的："对于那些面临生死考验的人，我的第一个建议是，对每次的治疗做出正确的选择，那将会大大影响你对治疗的反应，并让医生对治疗的可能结果，做出更准确的预估。你要就适当的饮食、体能活动请教专家，它们能够改善你的整体状况与未来的展望。你要摒除一切压力以及对你有害的人，包括社交媒体上的'朋友'。你还要以真诚的态度面对你爱的人，以及医务工作者。这样你在治疗的过程中，他们就会考虑到你的想法和感受，帮助你活下来。你会很容易被治疗的严重性与复杂性搞得心力交瘁，但千万别忘了为一些小小的胜利庆祝，并拥抱美好的日子。"

看着你爱的人或是你在社交媒体上关注的那个人，正在经历一场健康危机，让你觉得很痛苦，伊森是这么建议的："我发现真实是最有力的支持。在支持一位生命斗士时，你要如实表达你的心情：害怕、爱、快乐、悲伤。说出你的质疑、看法。其实支持者的想法与心情，通常跟病人是差不多的；身为一名支持者，你会想方设法帮助病人继续做他们喜欢的事。你希望他们能不受癌症的侵扰，尽一切力量享受人生。只要一想到这世上有那么多素不相识的陌生人，为了募款捐助抗癌新药的研发，而努力地跑步、烤饼干、登山、驾驶帆船，还有人在国会山庄辛苦地工作，这种大爱实在太酷了。这些病痛的考验犹如一把双刃剑，虽然让我们的人生受到巨大的冲击，但同时也会在每一天造就一些小小的奇迹。就是这些小小的奇迹，以及让这些小奇迹发生的人，让那些患者得以坚强地活下去。"伊森希望他的故事能够帮助各位渡过人生中最艰困的难关。但如果你痛失至亲，几乎丧失继续活下去的勇气时，请来看看弗兰·布勒（Fran Boller）的故事，并希望你能从中获得一些安慰。

▷ 生命斗士给我们的启发

萨曼莎·佩奇（Samantha Paige）是一位非常年轻的癌症幸存者。她因为有 BRCA1 基因，所以预先动了乳房切除术，并把这段过程跟世人分享，希望能鼓舞那些经历生死交关时刻的人。

化小爱为大爱

伊森的故事让我们学会了如何努力对抗病魔以及如何支持患病的人。但痛失家人又该如何面对呢？哀伤有好多不同的层次，弗兰希望她的故事能够为大家增添一些力量。

当我初见弗兰时，立刻被她整个人所散发的优雅气质吸引。那天我是带着我的《周三开心讲》系列视频到她的公司做汇报，希望她们愿意提供赞助。一开始，弗兰几乎面无表情地听着我的方案，但稍后她便逐一询问我在每一张幻灯片中提到的各个慈善活动，而且她提出的问题非常具体，于是我猜想她家可能也有生病的孩子。

当我们的会面结束时，弗兰表示她非常喜欢我做的这些事，所以她会跟她的团队讨论，看是否要聘请我替她们公司规划活动，或是赞助我的频道所推出的内容。我一边收拾笔记本一边随口问她："你有小孩吗？"她看了她的同事凯特琳一眼，我还搞不清楚是怎么一回事，就听到她轻声说："这是个好问题，但很难回答。我有个儿子，他叫乔丹，他在 2 月的时候过世了，我今天才刚回到公司上班。"

我之前便曾听说这家公司有位女士的小孩过世了，全公司的同事都很难过，但我万万没想到那人就是弗兰。接着我们便聊了一下乔丹的事，同时我答应弗兰，我会尽我所能，向大家宣传弗兰为了纪念乔丹而设立的基金会。接下来我就从"Jordan Krakauer 纪念奖学金基金会"这个赞助我频道的故事开始讲起。

把伤痛转变为无限可能

如果你在社交媒体上关注了弗兰，你会看到乔丹从小到大的许多照片，还有他们一家人的快乐回忆，以及一些鼓励失亲者的励志格言。弗兰真挚地表达了她痛失爱子的悲伤，此举鼓励了其他痛失至亲者效仿，尽管弗兰说她已经做好要带着一颗破碎的心度过余生的心理准备。不过弗兰明白，唯有把乔丹的遗爱散播人间，她才能获得继续活下去的力量："乔丹一向保护弱势，他总是为那些被霸凌的孩子挺身而出，让他们有勇气捍卫自己。"

乔丹在 2015 年 2 月 8 日死于癫痫，年仅 22 岁。他生前热爱运动，先后就读于西弗吉尼亚大学与威廉帕特森大学。弗兰与家人决定成立 Jordan Krakauer 纪念奖学金基金会（www.jbkscholarship.com）来缅怀乔丹，并帮助他们疗伤止痛："我忙着张罗基金会的成立以及帮助他人，我知道乔丹会希望我们这么做。他是一个非常乐于付出的人，所以我们决定把悲剧变成一桩善事。做这些事情让我不至于躲在衣柜里日日哭泣，虽然我的哀伤永远不会消退，但此事帮助我们学会了应对悲伤。"

有别于其他许多奖助金，乔丹的奖学金不只资助学业成绩优异的人，也颁奖给保护与帮助弱势者的人。申请者必须主修运动营销或管理，而且仅限全职生申请。

后来弗兰打电话通知我，他们选出了第一位受奖者并发给他 1 万美元的奖学金："我们选了一位名叫威尔·布伯尼克的学生，他是天普大学的学生，主修运动暨休闲管理。"她说威尔来自圣路易，是家中 4 个孩子里的老幺。弗兰指出："他的其他手足都是身体有障碍的人士，而且都参加了残奥会，那让他对运动产生兴趣。"看来他们选出了最特别的学生——乔丹肯定也会喜欢这样的人。我问弗兰，威尔是如何发现这个奖学金的。她说："他就是从你的YouTube频道上看到的啊。"

如果你跟伊森一样正在跟病魔对抗，或是跟弗兰一样正在努力走出失去至亲的伤痛，心理学家库西诺博士（参见第七章）指出，不论你是从事哪种事情来帮助别人或是帮助你自己，你的心情都将经历一个正面向上的螺旋起伏。那些人之所以能够化悲痛为力量而决定帮助他人，是因为："在为了帮助别人走出去的那一刻起，你会暂时收拾起心中最痛的那一块，化小爱为大爱能带给你极大的力量。"

弗兰之所以能把她的伤痛转化为力量，也是因为她拥抱了社群，从而找到了活下去的希望。社群是很有力量的，当大家齐聚在一个共同的公益旗帜之下时，社群就能发挥更大的力量。心理学家史蒂芬·波斯特（Stephen Post）堪称是最了解群体力量的人，因为他一辈子都在研究它。

施比受更有福

聚集整个社群的人一起达成一个共同的目标，不只会让大家感到开心，而且也有益你的健康。史蒂芬·波斯特不但与吉尔·奈马克（Jill Neimark）合著畅销书《好人有好报》（Why Good Things Happen to Good People: How to Live a Longer, Healthier, Happier Life by the Simple Act of Giving），并经常到世界各地演讲，在数间学校任教，更曾在国会发表关于志愿者与公共卫生的演讲。他于2017年在《美国健康促进期刊》（American Journal of Health Promotion）上发表的文章《处方：做好事有益健康》（RxIt's Good to Be Good）[1]中，跟大家分享他

---

1. 全文参见 www.stephenpost.com/downloads/Rx%20Its%20Good%20to%20be%20Good%202017.pdf。

与同事的研究成果，告诉大家为什么担任志愿者是帮助我们活得更愉快的一剂全球通用的良药。

波斯特认为担任志愿者，就跟摄取健康的饮食与适当的运动一样，能促进我们身心和谐。他参考了一项由志愿者人力银行Volunteer Match与联合健康集团（United Healthcare）在2010年共同执行的调查[1]，此调查询问了超过4 500名美国成人对于过去1年他们从事志愿者服务的心声；调查结果显示，1年内曾经从事志愿者服务100小时的人表示，他们觉得压力减少了，而且更能面对损失与失望。波斯特在接受我的访问时指出："被调查者表示，从事志愿者服务让他们觉得身体更有活力、心情更快乐，而且觉得活着很有意义，更感恩，与亲友之间更融洽，睡得也更好。"

"有些人在从事志愿者服务的过程中，展现出了源源不断的精力，让他们生气蓬勃，并且做了让人赞叹的事情，生活因此发光发热。但是并非人人都能如此，你必须找到适合你的空间，以及什么事情能让你越做越起劲。而且你不一定要从事正式的志愿者服务——就算是帮邻居这种比较随意的事情，也算是志愿者服务。"

上述这份调查中有许多部分都让波斯特啧啧称奇，而下面这几点尤其令他觉得不可思议：

- 96%的受访者表示，从事志愿者服务让他们变得更快乐。这一点是特别重要的，因为我们现在身处的时代，"国民幸福指数"并不出色。整体而言，美国人普遍觉得不快乐，而世界上其他物质条件不如我们的地区却比我们快乐。
- 68%的受访者表示，从事志愿者服务令他们感觉"身体变得更

---

1. 全文参见 cdn.volunteermatch.org/www/about/UnitedHealthcare_VolunteerMatch_Do_Good_Live_Well_Study.pdf。

健康"。现代人在生活中经常坐着，如果你有部手机，光是看影片或上网就可以消磨大半天的时光。但从事志愿者服务却能让你站起身来走出家门，而且当你忙于志愿服务时，你会有更积极的动机好好关注自己的健康。

- 73%的受访者表示，从事志愿者服务令他们的压力减轻了。压力是很危险的，如果是持续性的压力，其危险程度更会随着时间递增。压力造成的死亡率是相当惊人的，压力会增加罹患心血管疾病与失智症的概率，还会让伤口不易痊愈。人之所以会有压力，是因为对某些问题过于执着，或是因为难以取舍而产生压力。但是当你忙着帮助别人时，你的心就自由了。虽然压力是帮助我们完成任务的一个强力动机，但也要懂得如何减少长期与日常的压力，这样才不会损害你的健康。
- 78%的受访者表示，从事志愿者服务不仅有助于他们从损失与失望中复原，而且可当成一种自我照护的形式。通过服务他人来疗愈伤痛的人，会活得更有希望且更有韧性，因此更不会陷入恶性循环中，因为他们会感受到爱的力量而坚强地活下来。
- 25%的受访者表示，他们是因工作的关系而与志愿者服务结缘的。如果员工有机会担任志愿者，会更以公司为荣，跟同伴及顾客的往来也会更融洽，从而提升业绩。

波斯特还指出，如果你是个临床医生，你或许需要休息一下，别再为别人担忧，并且应花更多的时间聚焦自我照顾。不论你是想要促进你们整个社群的福利，还是促进你个人的健康，科学都已证实"施比受更有福"，而且波斯特指出："付出者不一定要获得对方的回报，或是赢得行善的好名声，自然就能因为付出而受益。"

本章回顾

如果你正经历人生中的一段艰难时期，那你大可按照自己的步调慢慢处理每一件事。如果你需要一些时间想清楚自己需要什么，那就没必要迫不及待地帮助他人。

如果你已经准备好为某个公益活动担任志愿者，或打算自己推动一个公益活动，那么千万要想清楚，你想做什么以及为什么要做这件事。记得一定要认清现实，你一定会有过不去的关卡，所以请给你自己一点空间容纳你的伤痛。

如果你目前没有任何杂务缠身，而且很想对社会尽份心力，却不知道该上哪儿帮忙，那么我们将会在下一章探讨如何发现你的热情。

第十六章　社会因你更美好

> 你的同事中有一对夫妻，因为长年替本地某个基金会服务和奉献而受到表扬。你们组里的每个人都将到场观礼，你甚至租了礼服出席以示隆重。在晚宴正式开始前的鸡尾酒会上，你巧遇某个认识的人，你满脸笑容地告诉对方，你替同事感到骄傲。但你其实无法衷心地感到与有荣焉，因为这一年来你唯一做的一件善事，是给你外甥买了一包爱心饼干，不过你的助理很贴心地在甜点台上放了一张你与这对同事的合照。＃令人骄傲的同事＃

这些年来，有很多人告诉我，其实他们做公益的心情是好坏参半的。当他们觉得自己所做的善事，发扬了人性的光明面时，他们就会觉得心灵很充实；但随即又会因为自己似乎做得还不够多，而觉得自己很没用。心理学家塔拉·库西诺博士指出："我们不明白一个人的力量会有多惊人，只要把一个正向的想法、态度或行为，放入一个社交网络里——不论是通过线上还是线下，就可以带动一大群人踊跃参与。"

研究社会联结的科学家尼古拉斯·克里斯塔基（Nicholas Christakis）与詹姆斯·傅勒（James Fowler）在他们合著的《社交网

络的惊人力量》（*Connected*）一书中提到所谓的"三度影响原则"（three degrees of influence rule）。库西诺认为此种现象显示，当你展现一桩行善的义举时，即便它令你付出一些代价，但那个慷慨的行为会延伸到你的朋友（一度）、你朋友的朋友（二度），以及你朋友的朋友的朋友（三度），从而触及你根本不认识的人："同理，只要你们在某个社交网络中拥有共同认识的人，那位与你隔了三度且互不相识的朋友，也会受到你的影响。"

热心公益的女演员阿莱西娅·雷纳就是证明此原则的最佳例子，她正是受到另外一位前辈的启发，而矢志成为一名社会变革的促进者（social change agent），并带动其他人跟着她一起行动。

改变，从你我开始

各位曾在第八章中看过，阿莱西娅跟我们分享她参与"Time' Up Movement"的故事。阿莱西娅从小就以社会企业家的观点来看待这个世界。她说："我非常感恩自己在一所非常先进的学校里接受教育，我还记得我们学校居然一年级就教伦理困境！我念的是纽约市的道德文化费斯登全人学校（Ethical Culture Fieldston School，从托儿所一直到高中），我不只学习伦理道德，而且学习鼓励自己，要从社群或社会中的一员的角度来思考事情；所以你必须积极地为你的社群或社会服务，让它变得更好。这句话虽然听起来很官方，但是我真心认为'改善世界，人人有责'。我从小就梦想长大后要成为一名女演员，我看到大前辈梅丽尔·斯特里普（Meryl Streep）大力呼吁农民别再用杀虫剂喷洒苹果，因为那会伤害到儿童。后来我又看到她在电影《丝克伍事件》（*Silkwood*）里的演出，通过电影让观众明白这个世界存在许多不公不义之事。我从她那里获得的启发，已经超越文字所能形容。看到她那么积极地投入公益活动帮助改变世界,我当时心想:我也可以像梅姨一样,当个演员兼社会人士——因为那实在太酷了!我从影并不是为了获取名利,而是觉得自己可以替弱势者发声,并让世界变得更美好。"

这份社会良知迄今仍是促使她积极行动的最大动力,阿莱西娅表示:"我一直觉得我们的刑事司法体系是相当扭曲的,它导致那么多不公平的入监服刑案例。所以我心想,我能帮监狱里的服刑人员做些什么?后来我有机会在《劲爆女子监狱》(Orangeis the New Black)中演出,让我觉得自己似乎注定要做这件事——现在我可以替人发声了。所以我积极参与女子监狱协会的事务,并在因缘际会下,跟克劳丁·德索拉以及塔碧莎·圣伯纳-雅可布(Tabitha St.Bernad-Jacobs)共同成立了 LIVARI 服饰公司。因为我们想要雇用服刑期满出狱的女性,所以 LIVARI 便跟一家叫作 Road Twenty-Two 的公司合作。"

阿莱西娅明白天底下没有人能一手包办所有的事情,所以她找出自己能做的部分:"我觉得现在的世界有点黑暗,所以我每天早上一起床就在思考,我该采取什么行动来改变世界。这种想法对我真的很有帮助。即便只是打电话给我那个选区的众议员讨论一件我认为重要的事,都会让我的心情平和和宁静,并且更清楚我的使命。"

阿莱西娅说从事志愿者服务最令人惊讶的是,你想上哪儿都可以,而且明天就能开始。"你不需要具备任何的特殊技能,也不需要钱,你只需要付出你的时间和劳力。找出你的热情所在,找到你的声音,找到你认为最迫切需要爱心、服务与改变的地方。不论是性骚扰、环保、女权或任何一种名目——能够从事志愿者服务的地方多到不胜枚举。"

如果你想要找出自己究竟对什么事务有热情,以及你可以做些什么事情帮助他人,那么我们将会在本章的后半部分讨论这些基本事项。

发挥你的影响力

你拥有改变人生与拯救生命的能力，但是在你踏上改变的道路之前，我希望你能先想想：做什么事情会令你感到快乐？画画？烹饪？运动？我们每天为了一长串的待办事项忙得不可开交，而忘了做什么事情会让我们感到开心。所以请你先花一点时间，好好想想做什么事情会令你觉得跃跃欲试，并且把它写下来：

当我在做 ＿＿＿＿＿＿＿＿＿＿ 的时候，我最开心。

如果某人告诉你，你明天可以休假，而且你的工作全都有人负责处理，那你会如何度过这自由自在的一天呢？如果你知道你会去做什么，那现在就把这些事情整理出来。请暂时放下那些杂务与不得不去的应酬，这一天是专属于你的！

在休假的这一天我打算要做：

＿＿＿＿＿＿＿＿＿＿＿＿＿＿＿＿＿＿＿＿＿＿＿＿＿＿＿＿＿

如果你的想法太多，不知该如何选择，不妨参考表 16-1，把它们分成几个较小的类别。

现在请你看看你写下的清单，其中是否有些可以纳入你每日或每周的例行公事？是哪些事情呢？规划休假的这一天，是否让你醒悟了，你竟然忘了从前很爱做的某件事？你必须做什么才能重拾往日的活动吗？有谁可以支持你做这件事呢？请跟那个与你个人兴趣有关的人聊聊，并且找到能够让你参与那项活动的机会；那个人说不定愿意担任你的人生导师或问责伙伴（请参考第四章）；又或者他说不定愿意邀请你跟在他身边几个小时，或参与某个会议，好让你可以重回过去。请把这些人的名字写下来：＿＿＿＿＿＿＿＿＿＿＿＿＿＿＿

现在请你想想其中的某个活动，问你自己是否了解跟它相关的公益活动。你可以参考表 16-2，找到你想从事的公益活动。

表 16-1　我的休假日活动流程表

问问你自己：

一早醒来你会做什么事？

你会冥想？运动？祈祷？看报？看电视？开始打开手机看社交媒体动态？跟宠物玩？跟孩子玩？泡澡？

接下来你会做什么事？

写你之前提过的剧本？做家务？外出？

中午打算吃什么？

自己在家里做？叫外卖？去漂亮的餐厅吃大餐或是找间家常小馆？你会在室内还是户外用餐？不吃午餐？为什么不吃午餐？

吃过午餐后你打算做什么事？

睡午觉？散步？打电话？阅读？购物？打扫家里？准备晚餐？做志愿者？运动打球？上美容院护发？置身大自然中？做手工艺品？

晚餐打算吃什么？

在家里自己做？叫外卖？吃剩菜？上馆子吃大餐或是找间家常小馆？你会在室内还是户外吃晚餐？

晚餐后你打算做什么事？

泡澡？散步？看电视或电影？写日记？

就寝前你会做什么事？

阅读？冥想？写点东西？

表 16-2　找到你想从事的公益活动

问问你自己：

- 如果你喜欢做菜，你愿意到慈善机构担任主厨志愿者吗？

- 如果你爱运动，你愿意到某个跑步协会当志愿者，为下一次的跑步活动帮忙吗？你愿意担任志愿者教练吗？

- 如果你是科技高手，你愿意为你的母校或是某个需要翻修房屋的公益机构免费做设计工作吗？

- 如果你喜欢跟人互动，是否愿意去疗养院、医院、免费送餐点、育幼院或麦当劳叔叔之家之类的公益机构？那里正在招募愿意陪伴病患与其家属的志愿者帮手。

- 如果你跟某个宗教团体或心灵组织有关，他们通常都会有一些请求支援的机构清单。

- 如果你喜欢小孩，你愿意到某个小学的班级里念书给小朋友听吗？你愿意帮某个基金会的小朋友圆梦吗？你愿意当大哥哥、大姐姐志愿者吗？

- 如果你是某个产业的资深专家，你愿意到本地的学校（或是你的母校）或社区活动中讲课吗？

- 如果你很有创意而且有时间，你愿意到某个慈善晚会，或是即将举行的慈善公益活动中担任委员吗？你能帮忙寻找场地、挑选菜单、布置场地或设计邀请函吗？你能够帮忙拟定或分摊一些工作吗？你能帮忙贩卖餐券或邀请宾客来参与活动吗？

- 如果你跟某个生病的人或照顾病人的人很熟识，你能帮忙准备餐点或做一些家务吗？

本章回顾

在本章中,我们谈到了当一个社会变革促进者的好处,以及如何找到你想要有所贡献的公益事务。下回当你心动却不知该采取什么行动时,不妨再次想想以下这些问题:

- 是什么事情令你晚上睡不着觉?
- 如果你有一天不必上班可以自由使用,你会如何度过这一天?(你很喜欢且一直想要做哪件事?)
- 有哪些公益活动跟你的兴趣有关?
- 在你认识的人当中,是否有人正好在从事那项公益活动,所以你可以向他讨教?
- 你可以跟着那个人一整天参加他们的委员会吗?
- 一旦你找到了你想要做的事情,一定要鼓起勇气跟机构的负责人谈谈,并找到你可以贡献服务的地方!

现在你已经知道你想做哪种志愿者了,下一章我要告诉你如何把你的社会服务精神发挥得淋漓尽致。

第十七章 做对的事，不需要原因

> 你正在收看电视新闻，感觉心脏越跳越快，因为主播刚报道了一则大规模枪击案，接下来则是一桩误判案，然后是某所学校因老师殴打学生而召开紧急会议。你不知道你的海报板或马克笔在哪，也不知道谁会参加你发起的游行活动，毕竟现在已经是晚上 11 点了，你早就换好睡衣准备上床睡觉了。虽然你终于决定放弃，但你心里真的很沮丧，为什么每天都会发生这么多破事？但最后你只是引述了金恩博士与曼德拉的语录，并且发了你最爱提起的 3 个字：# 改革者 #

不论何时，我们每个人都有一大堆事情可做，有些是不得不做的公务，有些则是可有可无的私事或休闲娱乐。那就是为什么当我们看到新闻报道并思考如何改善这世界时，我们会觉得千头万绪，不知该从何处着手。所以我将会在本章，详细说明投身公益活动要考虑的相关事宜，让各位明白如何在有需要的地方发挥你的长才。不论你已是个资深志愿者，还是最近有意出来带领一项公益活动，都可以参考我个人打造公益活动的一些步骤。本章将会提供非常多的实用信息，让各位的满腔热血有用武之地。

在开展改革行动之前，每个领导者都应先问自己以下两个问题：

- 我为什么想要带头做这件事？
- 现在是我开始做这件事的好时机吗？

虽然你是出于一片善心想要解决世界上的问题，但是在你披上超人斗篷之前，如果没有先想清楚相关细节，或是你根本抽不出时间做善事，那么日后你很可能会后悔踏上这条路。为了避免你白白浪费自己和别人的时间，我们要好好检视这两个问题。

停止问，开始做

如果你是因为喜欢受人瞩目、想要获得好评、想要被众人赏识或者是因为无聊想找点事情做，而决定带头做公益，那都是可以的。或许你是因为孩子上学了，你想找个重新跟社会联结的渠道，或是你想做一些充实心灵的事情，以上种种原因都言之有理。你或许认为："想当个改革者，不就是为了要有所改变吗？"但其实每个人选择当个社会改革者的理由都不一样，重要的是，你打算如何达成改革的目标，以及在这个过程中你要如何对待别人。

如果你是打算利用领导者的这个身份，提高自己的地位和权威，好让你可以指挥与使唤身边的人——这可就不行了。如果你是为了获得学分或是想把它写入你的简历而做这件事，我并不会指责你。但如果你把这件事写入履历表或是把你的名字放在活动邀请函上，最后却什么事都没做，那我可就无法认同了。

当一名成功领导者的首要秘诀：如果你想邀请某人加入你的委员会，你必须让对方知道，做公益能让他们获得哪些收获。领导人不能只顾着让自己置身在聚光灯下，而应该把焦点放在那些需要大家伸出援手的事情上。

俗话说：三个臭皮匠，胜过诸葛亮。如果其他人愿意提出具有建设性的意见，那就能帮你提出更周全的观点，并且让你获得学习的机会。人多半有物以类聚人以群分的倾向，所以你需要有不同观点的人加入，以扩大你的使命与视野，让你成为一个更有见识也更有作为的领导者。

如果你看了这段内容后，觉得参与委员会的负担太大，就别忙着成立你自己的社会公益平台。不妨先从出席活动开始做起，等到你想多尽点心力时，你再向负责人表明你比较想参与的事务。其实人们通常是因为害羞，而不参与公司、孩子的学校或是社区团体所举办的活动。我希望各位明白，你不一定要当团体里声音最响亮的那个人才能改变社会，其实活动的成功，要靠很多无名英雄在幕后默默地付出，所以你不必硬逼自己走到幕前或是当个领导人。如果你生性害羞，不习惯站在聚光灯下，你只需要让人家知道你有什么特殊的才华，这样你就能以你感到自在的方式，为你支持的公益活动尽一份心力。

> 我的故事：你很擅长领导统御吗？

我在大专院校演讲时，曾有两名大学生告诉我，他们学校的干部委员会会长，是个很会欺压与使唤别人的家伙。这绝非正确的领导方式，只会让其他人离心离德。

后来在某个大专研讨会中，有名学生在我演讲结束后举手发言，说他发现自己会严厉批评委员会中的同学，还会使唤身边的人。于是我问他当初为何想要担任领导者的角色，他回答说："因为我觉得只有这样，大家才会听我说话。"

他的回答令我的心往下沉，于是我请他写下了他引以为荣的优点,以及问他是否有把其中任何一项特质,应用在他的领导统御风格中。他回答说没有——他总是迫不及待地对着别人大吼大叫,结果忘了自己是个很有创意的人,并且拥有很优秀的组织能力。

我刚推出 YouTube 频道时,曾经开了一门由我亲自指导的课程。某晚,一名心情非常沮丧的学员打电话给我,他说在课后会议中,大家都不听他讲话,而各项任务的负责人,也都没做好他们的工作。我听完他的抱怨后问他:"你为什么会想要担任这个角色呢?"他回答说:"因为我希望毕业以后,人家还会记得我是个领导者。"

这个答案并不算太糟,至少是诚实的。但问题来了:如果你的委员会成员发现你这个领导者只是想要"名留青史",他们恐怕未必乐意替你"抬轿"吧。所以我问他:"你可曾问过每位成员,为什么想要加入委员会?可曾问过每个人,他们喜欢参与哪种团体,以及他们想要改变这个团体的哪些方面?"他回答说没有。

于是我问他,是否愿意跟每位成员一对一见面,并问他们,他该扮演什么样的角色,才能帮到对方。他同意我的建议并且认真照做。几个星期后,他发了封邮件给我。他说在他改变领导风格之后,情况大为好转,现在大家不只认真完成他交办的任务,他自己也发现,这样的做法比之前有效多了。

成功强化优势

虽然这些故事大多来自年轻人,但其实我也曾跟许多非营利组织的专家以及刚开始带头做公益的新手领导人谈过,所以下面的建议适用于每个人:

· 如果你想要被看到,就先找出你的特长。如果你带领的人不知道他们能够做什么，你要帮他们找出他们的特长。

- 如果你想要被听到，一定要倾听被你领导的人。找一个安静的不会被打扰的地方，试着倾听他们的想法、梦想以及恐惧。你要用这些东西来提振大家的士气，而非把它们投射到你的团队里，因为那么做的话只会令他们感到担心和害怕！
- 如果你想被人记得，一定要让你身边的人知道，你看到了、听到了且支持他们。你的委员会成员不可能记得每次会议的每个细节，但他们永远会记得你带给他们的感受。
- 如果你想创造一番新气象，就需明白众志成城的道理，并且让成员分享他们的看法与构想。

如果你害怕失败，欢迎来当个领导者。如果害怕大家认为你是个差劲的领导者，或是认为你的点子根本行不通，你因此对他们大吼大叫，这无法掩盖你很没安全感的事实。你该做的是，预先想到所有可能出错的环节，并且指派专人负责各项议题，然后大家组成一支团队。如果你自己揽下太多工作，那其他人就无事可做了，所以在你答应带领某个公益活动之前，务必要先确定自己有能力承担这个任务。

不过度付出，是一种负责

当你筋疲力尽或是没有参与志愿活动的意愿时，你当然没必要硬逼自己参与公益活动，你大可婉拒邀约，因为你需要先照顾好自己。

由于某些事务需要投入较多的时间和精力，所以你必须仔细评估自己是否有足够的时间和能力从事志愿者服务。例如义务帮忙筹备一项活动跟加入董事会，两者承担的责任是截然不同的。

签名银行（Signature Bank）的创办人兼董事长斯科特·谢伊（Scott

Shay)指出,在你加入某个董事会之前,你必须先问自己一些问题。"如果是非营利组织的董事会,你要问自己:'我愿意自掏腰包开支票赞助吗?''我愿意在财务上提供援助吗?'而营利组织的董事会,当然是有钱可领的。但不论是哪种性质的董事会,除非你对该组织所从事的事情极有兴趣,而且对方主动开口问你,否则不要涉入。耐心等待一个更好的时机,等到有你想做的事情,或是有你想参加的董事会时,再加入也不迟。"

他还指出,如果你是某个董事会的主席(董事长),你必须看看团队里的成员都有谁。"每位董事如何做才能对公司的业务做出最大贡献?每位董事各有不同的专长,摆对地方才能有最佳表现。我常鼓励董事们有'异见'的时候一定要讲出来,因为那样才能对抗团体思考。要避免董事会做出糟糕的决定,最好的方法就是有人出言提醒:'你好好想过这个吗?''你好好想过那个吗?''你用之前从未想过的角度好好检视过吗?'"

你在某个时间点可能想要加入某个董事会,但现在你可能更想要落实你的理想,所以接下来我们就来探讨如何达到此目的。

▷ **女性也能勇敢争取自身权利**

如果你是位女性高级主管,并且有意加入某个企业的董事会,你可以从 http://womenintheboardroom.com 上获得一些有用的信息以及有关董事会职位的信息。

采取行动实现你的理想

接下来我要跟大家分享的,是我这些年来学到的一些教训;不论各位是想要开创新事业,还是想要加入某个委员会,或是筹办一场公益活动，都可以做个参考。这些信息不仅能应用于公益活动，还可以改变你做事的方式，以及帮助你更好地带领你办公室里的团队。

你想要筹办一场公益募款活动时，能让越多人得知这个讯息越好，并且开始招募人手加入你的委员会。如果你是为了大家都在关注热搜的头条新闻举办公益募款，要号召大家来帮忙就会很顺利。

例如我为2004年南亚海啸的遇难者筹办募款活动时，虽然我个人并未受到这个天灾的影响，但我知道我可以号召大家一起来帮助这场灾难的幸存者。虽然我并不知道要从何开始，但我逢人便说我要办场派对，捐款给南亚的犹太教会，通过他们来帮助当地的百姓。有个朋友告诉我，他认识那里的拉比[1]，所以他居中介绍我们认识。我一共问了12名朋友，是否有兴趣担任我的委员会成员。我们事先向有意参加派对的人收取36美元的订金，当晚则在会场门口加收54美元，结果我们一共募到了2万美元，用来替普吉岛外的一座村庄建造一个净水系统。

如果你支持的是大家比较不熟悉的公益活动，那你要先跟大家说明，然后再开口请求对方提供金钱或精力上的支持。当我想为年仅两岁的狄伦·罗比诺维奇（Dylan Rabinovich）举办一场正式的募款晚宴时，我不可能只是发送大量邮件或邀请函给朋友，就期待大家愿意掏钱买票并且盛装出席我的活动，帮我捧场。我必须告诉大家，狄伦一出生就罹患了一种称之为迪乔治综合征（Di George's Disease）[2]的罕见疾病，所以每一次我想要分享活动的细节时，我首先要做的事，就是分享狄伦的故事。

---

1. "拉比"是犹太律法对于合格教师的称呼，这个字最早源于希伯来文的Rav（或写为Rab），意为"一位伟人、首领、师傅"。拉比的宗教及社会地位十分崇高，为许多犹太教仪式中的主持，君王也经常邀请拉比进宫教导。
2. 由于第22对染色体缺失，导致患者有脸型、心脏、头颈部、听力、副甲状腺、胸腺异常，亦有学习障碍、生长迟缓或智力障碍等异常表现。

接着我要跟大家说明,为什么我们要募款与呼吁大众重视此事,因为只有这样才能通过Chromosome22这个公益组织,来帮助其他有类似处境的病童及其家属。

当大家理解狄伦的特殊情况后,他们就会开口问他们能够做什么。这时我会向他们解释,善款将用来制作门诊手册以及赞助每两年一次的研讨会,届时来自全球各地的病患家属齐聚一堂,分享各种治疗信息并且互相加油打气。

经过这番详尽的说明之后,大家都踊跃地捐款或掏钱买票出席晚会,因为大家都想要参与这项能够改善别人人生的善行。如果只是在脸书上发个文,然后就交差了事,这项活动绝对不可能这么成功。群众募资网站以及利用生日派对做公益,也能让大家更愿意慷慨解囊。不过我们每个人每天都会收到各式各样的募款请求。为了要让大众支持你的理想,你必须提出有意义的讯息来打动他们。换言之,为了要引起大众的注意,你必须让他们关心你的议题。

别小看众人齐力

当我的朋友瑞秋·柯恩·盖罗尔(Rachel Cohen Gerrol)要庆祝她的40岁生日时,她除了在社交媒体上发讯息,而且广发邮件给她的亲朋好友,号召大家一起支持她极为认同的一项公益活动。以下就是那封邮件的内容:

亲爱的朋友们:

今天可是我的四十大寿!为了回报老天给我的福报,我希望各位能够助我一臂之力……

数年前我得知在大纽约地区,有将近25 000名大屠杀幸存者，他们生活困顿，已经到了贫困线之下，于是我成立了"幸存者援助计划"来帮助他们。这些幸存者靠着微薄的援助勉强度日，他们的收入根本不足以支付购买食物的费用、房租、暖气费用以及医药费。

"幸存者援助计划"的详情请参见 www.survivorinitiative.org。

他们经常处于饥寒交迫的状态，而且无人问津。但是只要我们大家一起伸出援手，他们就知道这个世界上还有人记得、尊敬与关心他们。"幸存者援助计划"想要向大家募款，用来协助本地的慈善机构，更好地照顾这些贫穷弱势的大屠杀幸存者。我希望各位能够加入我的行列，帮忙提供他们急需的支持，让他们能够过着更有尊严的生活。

不论捐款金额多少都很欢迎，有意者请见：
http://ubackforgood.com/donor/#1/app/nonprofit/20814
感谢大家！

瑞秋

▷ **捐款赞助骨髓配对公益组织**

我的朋友辛蒂发现她1岁的小女儿艾亚乐，罹患了罕见的骨髓造血功能不良症，他们夫妻俩立刻发起了全国性的骨髓募集活动，希望能找到相符的骨髓。他们募集了超过33万美元的善款，捐给"生之礼骨髓登记中心"（Gift Of Life，GOL），用来支付将棉花棒唾液采集包送至检测机构，并且登录到骨髓资料库所需的费用——希望能替艾亚乐找到配对的捐赠者。

可惜艾亚乐没能等到好消息，并于2012年1月过世了。得知还有好多检体因为缺乏经费而无法送去检验，我们的心情沉痛不已。

在犹太教的一周哀悼期内，我见到了 GOL 的创办人杰伊·芬伯格（Jay Feinberg），他特地从佛罗里达州飞过来向家属致歉。我告诉杰伊，我想替这些病患做些事情。他告诉我，完成 1 份检验的费用是 60 美元，只要他们一拿到捐款，就会立刻送检。几个月后，我参与了该组织的年度大会，亲眼见证了骨髓受赠者与捐赠者相见的感人场面。那晚我也做了检验并且做了登录。我告诉杰伊跟他的团队，我将在纽约替 GOL 举办一场募款活动。

我组织了多达 150 人的委员会，并跟我的朋友、老师与同事约定，定期举办咖啡聚会、午餐聚会以及晚餐聚会。我甚至招募我在约会网站上认识的人来共同参与，不过我会先把话讲清楚——我并不要求他们来开会，也不会占用他们很多时间，我只需要他们的支持，至于参与的方式由他们自己决定：

- 有些人负责大量发送邮件。
- 有些人负责开支票捐款。
- 我跟我的朋友尤莉制作了一个有名人客串的 MV，并邀请《花边教主》的女星凯莉·拉瑟福德来主持我们的募款晚宴。虽然她工作满档，却一口答应帮忙，而且她也做了检验。
- 有些人动用他们的人脉，找名人录制宣传影片，或是帮忙招募一项物品拿来义卖。

那场活动募得将近 30 万美元的捐款，专门用来支付检验费用。直到今天，每次我们要为 GOL 募款或是赞助一项移植手术时，我仍然会大量发送邮件，并在社交媒体上发出消息。截至目前，我们已经促成了 35 个成功配对的案例，并且赞助了 8 次移植手术。

这个众星云集的盛会吸引了 600 人的参与，尽管事前发生了许多紧急状况，不过幸好最后靠着大家的帮忙，活动得以圆满落幕，每个参与者都功不可没。诚如我在本章一开头就跟大家分享的，要成为成功的领导者，只有两个秘诀：弄清楚自己在做什么，以及为什么要做这件事，并为每一个参与的人找到适合他的工作，那么大家就会尽心尽力地协助你圆梦。

筹办公益活动的 8 个步骤

现在各位已经知道筹办公益活动需要做哪些事情了吗？好极了，那我们就开始吧。以下是我经常采用的行动计划，我把这整套信息全都教给各位。乍看之下，你可能会觉得"我的老天爷呀！"。即便到现在我已经筹办过那么多次活动，但每次开始一个新的计划时，我仍然会觉得很紧张，因为看起来要做的事好多，但时间却好紧迫。其实只要你列出各个待办事项，并且逐一完成，事情就会变得容易些。所谓"一回生、二回熟"，只要第一个活动你从头到尾亲力亲为，第二个就不会那么可怕了。而且你会看到自己擅长的部分，以及需要别人帮忙之处，你也会从自己犯下的错误中，学到宝贵的经验和教训。

▷ **步骤 1：弄清楚你想改变什么以及为什么想要改变它**

在我开口邀请某人帮忙筹办骨髓配对晚宴之前，我已经清楚地设定我的目标：我想要捐款给 GOL，让他们把所有热心人士寄回来的检验小包拿去检验并完成国际骨髓登录。这是个野心很大的目标，因此我虽然没能达成心愿，但我还是觉得很欣慰，因为完成一部分，总是好过一个都没完成。有一点要请各位注意，有时候你想替别人做点好事的心意，有可能会惹怒别人。我知道这话听起来很莫名其妙，因为我们都认为，每个人都愿意帮助有需要的人；但请各位要做好心理准备，并不是所有的人都理解你想要改变什么，也不明白你为什么觉得有必要改变。这些人喜欢事情保持原样，所以他们完全没兴趣参与你的公益活动。

有些人会质疑你的动机，还有些人则会认为，你逃避自己的问题，所以你才会觉得有必要解决其他的问题。有些人甚至会因为你有心行善而讨厌你，他们会被你的热心所激怒，并且想要阻挠你。

你要尽一切力量不让这些人打败你，并且依靠那些支持你的人。相信我，当一名领导者，你会有一长串的事情要做，根本没时间理会那些为反对而反对的人。

▷ **步骤 2：问自己，谁能帮我完成此事**

现在你已经知道自己想改变什么以及为什么想要改变它，太棒了！现在请你问问自己：谁能帮我完成此事？如果你的答案是"没人"，那你最好就此打住，千万不要自己一个人走上这条路。如果你是 A 型血的人，我知道你会很想自己独自搞定一切，但如果你能找到对的人来帮忙，其实当个领导者，你可以成就更多的事情。

我的做法是，亲自打电话给能帮我的人，并邀请他加入我的行列。这么做虽然比广发邮件或信息花时间，但是亲自打电话邀请对方，意义就是不一样："我想做某件事，而且我很希望你能来帮我。"他们有可能会加入，甚至会推荐你不认识的其他人来共同参与。你可以发邮件给这些新朋友，约好何时打电话给对方，然后你再上社交媒体发布消息，说明你们这群人正在做的事情。如果你没有任何朋友能帮你，找找看周遭是否有目标类似的组织。如果你的构想与某个组织的宗旨不谋而合，你不妨找它的会长或主管，要求跟对方见个面。要是他们很欣赏你的想法，说不定就愿意帮你落实它。如果你还是决定自己来，他们说不定会给你指点迷津，告诉你如何推动此事。

你还可以开始参与他们的活动，在那里担任志愿者，交些朋友，等到你的想法顺利展开后，你便可以问他们是否愿意助你一臂之力。如果你有1个朋友愿意帮忙，那你们就有两个人可以一起出谋划策，并且分摊待办的事务。你们互相到对方的班级或办公室拜访，就会认识另外一批人。你永远不知道接下来会认识谁，而且对方说不定就会成为你们两人之外的下一名生力军。

▷ **步骤3：打造一个执行委员会**

假设你已经接洽了一些人，跟他们约好一起喝杯咖啡，也准备好要开始工作了。我希望你们尽快成立一个执行委员会与支部委员会，执行委员会要由愿意承担较多责任的人组成，他们必须参加会议、参与策划整个活动，并且还要扩大活动的规模。身为活动发起人的你，不可能独自包办募款、筹办活动、分装礼品袋、发送邮件等所有大小杂事，所以你要把工作分派给执行委员会里的每个人。你应指派几个人负责募款、公关、招募人手、设计、物流、志愿者、拍卖以及准备纪念品。执行委员会里的成员应当担任各个支部委员会的负责人。如果有10个朋友说他们愿意来帮你，但他们抽不出时间参与活动，你就可以请他们加入志愿者小组。如果你有个朋友很喜欢设计东西，那你不妨请他帮你设计海报、邀请卡，甚至是识别标志，这样每个人都能找到适合他的工作。

3.1 运动员和品牌间良好的营销合作伙伴关系

当你想筹办一场活动时，你可以接洽各种不同的赞助厂商，有些赞助者会支付一笔费用，让你把他们公司的名称与识别标志，放在跟活动相关的所有物品上，有的厂商则愿意付费，跟你们推出联名商品。不过要获得厂商的赞助并不容易，所以伊希文·阿南德

（Ishveen Anand）设立了 Open Sponsorship，这是个专门促成运动员与品牌及公益活动结合的双向集市。"有些人在体育界拥有丰富的人脉，而且知道如何用运动员替品牌加分，我们这个平台就像是赞助界的 Airbnb 与 Match.com。"想要了解更多详情的人，可至 entm.ag/opensponsorship 观看我访问伊希文的视频。

3.2 分派小组任务的小祕诀

以下是我过去在举办大型活动时，分派小组任务的做法：

- **活动总负责人**：此人要负责督导每个人的工作，并且要核实所有的工作是否如期完成。
- **募款组负责人**：此人要协助活动负责人拟定活动预算，并与执行委员会一起定下一个募款目标。募款负责人的职责包括：领导募款委员会、拜访捐款者以及安排电话募款。此人有时候还要负责接洽所有的赞助厂商与品牌伙伴。如果你能够找到一位很有外交手腕的募款负责人是最理想的。
- **公关组负责人**：此人要负责撰写新闻稿，还要与媒体打交道，让活动有机会获得媒体报道；同时还要负责在社交媒体上发文，供活动负责人以及所有的执委会成员使用，好让参与活动的每个人，都能到他们各自的私人网络，分享活动的正确信息。
- **人力组负责人**：此人要负责招募人力，他必须为活动成立脸书页面，并在活动正式举行前，不时举办一些小型聚会，告诉大家本次活动的宗旨是什么。此人还要与接待委员会合作，确保接待组发送活动邀请卡给他们的朋友，并在他们的社交媒体上发文。
- **设计组负责人**：此人是团队中的创意大师，他要设定所有事物的调性。他要与活动负责人共同打造活动全部素材的外观、感觉以及用语。在讨论上述内容时，如果能邀请执委会及公关团队共商大计会更好。

- 纪念品组负责人：在活动结束时，要送给每一位来宾一份纪念品，通常是赞助商与品牌伙伴捐赠的产品，或是你们支持的慈善机构的成品，例如一本书。此人要与他的团队讨论，礼物袋里要放哪些东西以及该从哪里取得礼物袋（用订购的还是捐赠的？是可重复使用的环保袋还是用过即丢的纸袋？）。

- 拍卖组负责人：此人要负责取得可以拿来拍卖的物品——这是在整个活动期间持续进行的、由一般民众竞标物品的募款方式，最后会由在活动当晚出价最高的人得标。由于拍卖募款需要相当多的规划，要是没人出价的话，就不值得费这番工夫，所以你一定要清楚锁定可能竞标的对象。拍卖组负责人要跟他的小组，负责取得物资并加以整理——有些物品如果跟其他物品组合在一起，拍出的价格可能会更高。拍卖组还要负责介绍拍卖物品或注明任何限制（例如注明使用期限或优惠截止日）以及物品的估计市场价。

- 后勤支援组负责人：在活动举行的当天，你会需要很多协助，例如来宾报到、现场售票、分送礼物袋、回答问题、解决突发状况。这时候就需要后勤支援组的负责人与志愿者组的负责人的全力配合，确保每个人都能做好各自该负责的工作。

- 志愿者组负责人：通常我会同时担任活动总负责人，以及后勤支援组和志愿者组的负责人，但我建议各位最好分别请专人负责。擅长调度人力的人最适合担任志愿者组的负责人，因为要调度一场大型活动的所有志愿者，其实是个大工程。志愿者组负责人必须制作一份班表，写明每个人值班的时间与负责的事务，让大家开始工作的时候能够签到。如果有人错过他的排班，志愿者组负责人必须立刻决定是由自己上阵，还是由其他待命的志愿者即刻救援。志愿者组负责人还需确保每位志愿者都有适当的休息空当，每个人都需要用餐，并且有时间享受这场活动。但如果有人乐于全程服务，当然也可以。

- 接待组负责人：接待组的成员通常很支持你的想法，而且也想参与活动，但实在抽不出时间，所以他们基本上会买票并且邀人来捧场。接待组对于任何活动都是相当重要的，他们算是你的神队友，因为单凭你自己的力量其实很难支撑起整个活动。接待组的负责人要紧密联系组里的每位成员，还要负责发送活动的宣传文案，好让每个接待组成员都可以转发邮件或将文案发在社交媒体上，让最多的人知道你们在办活动。

等你的团队全员就位后，你要想想如何让每个人都能随时得知活动筹备的最新进度。

3.3 如何准备礼物袋里的纪念品

瑞秋·霍诺维兹·科斯格罗夫（Rachel Honowitz Cosgrove）是Gift Bagsby Rachel 的创办人。她曾经为影视演员协会奖、艾美奖、纽约时装周、乡村音乐奖以及白宫记者联谊会提供纪念礼品袋。瑞秋指出，人人都爱免费的礼物，所以不论你是想为孩子就读的学校举办一场活动，还是替你最爱的公益机构募款，最好都能为来宾准备一份纪念品。在准备礼物袋时，她建议最好要把活动本身、来宾以及时下的流行风潮都纳入考量。为了确保你的礼物袋能替活动加分，瑞秋提供了以下建议：

- 在活动开始前两三个月便准备。
- 跟多个品牌接洽，因为就算你接洽了20个品牌，最后顶多只会有两三家真的愿意捐赠。
- 礼物袋里的东西要讨人喜欢，人人都喜欢先试用再购买某个产品，所以新推出的巧克力、护肤产品、手机壳或珠宝都是不错的选择。放几张产品兑换券也是可以的，但不宜太多，因为大家喜欢立刻就能摸到及试用新产品。如果某人不喜欢某样东西或那样东西不适合，他们大可转送给别人。
- 5到10样东西就足够了，尽管人人都爱免费的东西，但也不必太多。
- 视活动的性质而定，你可能需要把礼物袋分成一般人士与VIP两种等级。如果你要求的数量不大，赞助厂商或许会愿意捐赠一些较高档的商品供VIP使用。
- 如果礼物袋的数量庞大，你可能需要租用一个空间，来分装与放置礼物袋，这会省下很多舟车往返时间。
- 记得要给赞助厂商适当的回报，例如在社交媒体上发文感谢，或是保证会在活动的新闻稿中提到它们。它们给了你不少有价值的产品，你至少要公开致谢作为回报。如果某个名人或大咖来宾在网上晒了礼物袋中的某个物品，那对厂商来说是大为有利的。
- 记得要附上一张印有活动徽标与标志的感谢卡，感谢所有捐赠物资的厂商与品牌。记得加注它们在社交媒体上的昵称，此举将会鼓励来宾把他们最爱的物品晒出来。
- 多准备几个礼物袋，以备不时之需。手上随时有礼物袋可以送给赞助厂商或是无法到场的VIP当作谢礼，才算周到。

▷ **步骤4：决定你要如何与你的团队沟通**

等到整个团队就绪后，你要如何让他们取得最新的信息？是要定期开会，还是要每周发送邮件，或是利用线上软件召开视频会议？活动总负责人必须了解你的团队偏好什么样的沟通方式并准备好两种更新内容（发邮件与亲自致电；负责重要工作的人，例如执委会成员与各组的负责人，则可在网上联系）。我会在活动场地跟团队开小型会议，并且每月发送一次骨髓配对晚会的彩色邮件。

同时你要做好万全的心理准备，就算你已经把所有事情全都清楚地写在邮件里，却总是会有某个人或某些人，询问一些你明明已经回答过的问题，你会很想要打电话给那人，并且告诉他："你仔细看了我刚刚发给你的邮件吗？所有的答案都已经写在里头了！"千万别动怒，记住这些人可是无偿来帮你的，而且他们都尽了最大的努力。但如果这样的情况持续存在，而且对方的行为已经干扰到你的生活，那么你应当找个时间好好跟对方谈谈，了解他是否还想继续留下来帮忙。

举办一场活动、晚宴或是成立俱乐部，通常挺累人的，所以记得给自己保留一点私人时间，好让你能享受这整个过程。

▷ **步骤5：适时让自己暂停一下喘口气**

你是否光看这些步骤就已经觉得吃不消了？要当个改变者可没那么容易，需要付出很多时间和精力。不论你是想改变还是改造，过程中总是会有很多起伏。有时候你必须被别人拒绝很多次，才能获得对方的认同并且募到一笔款项，修改一个政策，或是看到你想要的改变成形了。所以千万别让一场苦战就击溃你的心志。

为了避免把自己搞到筋疲力尽，你必须给自己一点休息的时间，并且抽空跟你的家人和朋友聚聚、冥想打坐、听点音乐放松心情。总之，做些你平常爱做的事，让转个不停的大脑稍稍休息一下，休息是为了走更长的路，适时让自己喘口气是非常重要的。

带领一个社会运动更需要耐力，所以我常说人生就像一场马拉松，而且我觉得自己才刚跑到折返点，这是什么意思呢？我的意思是，你不要老想着你还有多少公里要跑，而应该想着你已经跑了多少公里。你一定要抽空犒赏自己，这样你才能成为一个更优秀的领导者（而不是每次都在活动正式举行前，因为累倒而带病上阵）。

▷ **步骤 6：事情搞不定时向各路军师请教**

所有的领导者都免不了会遇上有人质疑你的时刻：这样做行得通吗？我们能成功吗？遇到这种时候，请去找那些爱你且相信你的人。谁总是会提出理智的意见？谁能令你开怀大笑？谁是你的啦啦队？谁曾经遇过类似的情况，因此最能理解你的心情？以上这些都是我在陷入瓶颈时，会打电话求助的人。

我在筹备骨髓配对晚会期间，曾被电视台指派报道飓风桑迪（2012年）肆虐美国的实况。长达9天的时间我一直待在纽约皇后区的牙买加街区，目睹飓风对当地造成多严重的灾情。

骨髓配对晚会预计11月18日举行，而飓风桑迪则是在10月底来袭，我拿不定主意是否该把募款活动延期。在纽约市遭受飓风重创，许多市民仍生活在无电力可用，被飓风吹倒的大树还压在屋顶的时候，我们真的要办一场盛装的正式晚宴吗？

但另一方面，在还有那么多能够救人一命的检验包亟须检验与登录的时候，我们真的该取消这场筹备多时的募款餐会吗？

如果是你，你会怎么做呢？最后我们决定如期举行募款餐会，但请每位来宾带一项物品送给飓风的受灾群众。会后我们收集到很多清洁用品，送给斯塔顿岛上的民众，并协助他们返回家园。

▷ 步骤7：随机应变

身为改革者，意味着你已经备妥一份蓝图。但是最优秀的领导者，会尽量预测可能发生的状况，以便在真的遇到问题时，能够迅速解决。

我一向会在活动举行的数周前，便与我的委员会成员坐下来，把所有可能会出错的状况，逐一列在清单上。我们会把自己当成是当晚的来宾，从场地的大门外开始，一路走向报到处，并穿越整个空间，这样可以预先检查哪些事项被疏忽了。

但尽管你做了万全的准备避免出错，你同时仍要做好心理准备，届时还是有各种你可能永远无法预测到的状况会出现。

活动举办的当晚，我提早数小时抵达会场。在做最后一次巡查时，我找不到赞助商送到会场的伏特加酒——那可是价值数千美元的重要物资！现场虽然有很多的啤酒（那是我的好友艾莉森捐赠的，而且我们在前一天便全数运到会场），但伏特加酒全都没有运送过来！

我们大约会有600名嘉宾，我们原先预计在他们一进门后，就会看到伏特加厂商赞助的开放式酒吧，所以我得赶快想出法子解决。

我紧急询问出借场地的负责人，是否可以先用他们的酒，等活动结束后他再问我要钱，对方爽快地答应了，最后甚至无偿捐助了。因为他们知道我们为了办这场活动非常地尽心尽力，因此愿意助我们一臂之力。

▷ 步骤8：诚挚致谢

在活动举行前1周，我们获得了200位善心人士签署骨髓配对同意卡，活动当晚则有超过600人出席，这个数字让我又喜又忧，因为我不知道我们是否有能力负担全部的检验费用，提供足够的餐食以及准备好我的感谢卡。自此之后我便提醒自己：如果活动来宾多达600人，感谢卡千万不要亲笔签名（最后我整整24小时没阖眼，在活动前一口气签了 180 张感谢卡）。

即便在这么紧张的工作压力下，你还是要记得关心你的团队，并且当一个让人乐意追随的领导者。每当有人走进房里时，受人爱戴的领导者会说："真高兴见到你！"而不是冷嘲热讽地说："哎哟，看是哪位贵人大驾光临了！"你无从得知别人花了多大的精力来开会，就算他们（又）迟到了，但至少他们来了。

你可以严以律己，但尽量宽以待人，永远都不要伸出手指指责别人，而应张开双臂欢迎与感谢别人。

如果你觉得没有什么问题必须要解决，也不认为必须为哪个社团贡献一己之力，你可能会觉得很没劲。要当一个改革者需要具有持之以恒的毅力，以及一种"这件事我非做不可，否则我无法对自己交代"的使命感。但我希望各位在打定主意从事某个公益活动之前，先把以下这些问题想个清楚，以免日后感到后悔：

- 你想要改变或改造什么？为什么你想这么做？
- 谁能帮你达成此愿望？你的执行委员会里，会有哪些成员？你需要成立支部委员会吗？会有哪些人呢？
- 你要如何跟你的团队沟通？
- 你要如何让自己有喘口气的机会？多频繁？
- 事情搞不定时，你会向哪些人请教？
- 你如何随机应变？
- 你如何向人表达谢意？

在筹办活动时，你必须跟场地出借者、表演者以及厂商签约。我希望你跟自己也签署一份合约，以促使你达成目标。我将在本书的最后一章，提供跟自己签约的范本。

第十八章 冲刺吧，这一生只有一次

> 哇！终于来到最后一章了。我希望各位喜欢本书，并觉得从中获得了一些有用的工具，能够帮助你活出最真实无伪的人生。我们就来回顾一下书中曾经讨论过的内容，这样当你感觉自己似乎又陷入懒散的状态，或是有人向你求助时，你知道该如何正确应对。书中曾经提到的所有重点，就是我用来应对各种"每当……"状况的锦囊妙计。

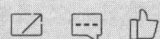

可以休息，但不要停止前进

每当你登录社交媒体，就因为"人比人气死人"效应，而觉得自己很惨很没用时，你一定要弄清楚，究竟是什么事情令你对自己的人生那么不满。你不妨回头重读第二章，找出有哪些可行的措施，能够帮助你摆脱困境。把你的不满写下来，找出可能的解决方法，像是减少玩手机的时间，更专注于当下的生活，担任志愿者，或是你在书中找到的其他宣泄出口，来排解你的负面情绪。

每当你感到迷惘不知所措时，请你提醒自己这种情况只是暂时的，并向你的人生导师或是信得过的伙伴求助，来帮助你达成目标。

每当你犯了错时，请你允许自己生气难过，但是不要一直纠结于这个挫折。你要勇敢地承担过错，尽力亡羊补牢，并从中学到教训。记住，今天没能得到这份工作，或许能引导你在明天得到一个更大更好的机会。被开除说不定能引领你找到自己真心喜爱的工作，明白自己其实入错了行，反倒让你能下定决心转换职场跑道。深吸一口气，坦然面对命中注定的那个恶劣处境。

每当有人晒出他了不起的办公室、团队、项目或是产品时，记住，你也可以对你的工作产生那样的光荣感。你只需对你的现状和未来的目标，以及在这个过程中你要如何自处与对待他人，拟定适当的策略即可。和善待人固然是你最厉害的能力，但那并不表示你要忍受职场上的不公不义或恶劣小人；你要知道自己的权利，懂得如何保护自己，而且要勇敢对抗霸凌，千万不要觉得自己必须默默忍受职场上的骚扰或歧视行为。你要当个见贤思齐的领导者，但在迈向成功的这一路上，也别忘了要好好照顾自己。工作不光是为了赚取生活费，而是为了实现你的理想，过你喜爱的人生。

每当你发现自己跟朋友处在不同的地方时，不论是心情还是地理环境上的，你都要提醒自己这是成长必经的状况，而且人生并非跑步比赛。当你感觉跟朋友圈渐行渐远时，不论那是因为你是唯一一个经历过某些事情的人所造成的，还是因为你现在已经没法像从前那样跟大家打成一片，那些滋味都不好受。所以你要珍惜那些帮助你成长的朋友，并努力让自己成为朋友们所需要的那种朋友。

每当你觉得身心俱疲再也不想约会，而且身边的每个人都订婚了、结婚了甚至有小孩了时，你千万要坚持下去。因为你根本不知道别人的笑颜背后发生了什么事，所以何苦浪费精力嫉妒他人的生活？倒不如花点时间想想，你想吸引哪种伴侣？你想对这段恋情做出什么贡献？相信你的直觉，勇敢地挥别过去，相信自己最终一定会遇到一个最棒的对象。

每当有坏消息或新的状况重击你的人生时，你不必强颜欢笑故作无事状；有的时候你会想要振作、想要反击，但有的时候你却只想躺在床上默默哭泣。不论你是健康出了问题还是遭遇丧亲之痛，你都不要独自面对，而应寻求支持。花点时间研究你能参与哪些活动或组织，既帮助别人也帮助自己。

每当你看到别人正在做一些很有意义的事时，你不要因为你自己还未找到认同的公益活动而嘲笑他们。你应想想是什么事情害你晚上无法安睡，并想想该怎么做才能解决此事。不是只有生活富裕的人才有资格行善助人，也不是说话大声的人才能改善社会。等你开始参与公益活动后，记住，"捐助疲乏"（donor fatigue）确有其事，拒绝帮忙也不代表你这人很自私——你只是在保存自己的能量。你要经常为自己的成就喝彩，也别忘了感谢那些帮助你完成使命与实现愿景的人。

和自己立下真实人生契约

现在各位已经读完本书的所有章节，想必也发现，其实我跟大家一样，经历了很多的起伏才有今天的表现。而且你知道吗？这本书讲的就是我的人生故事。如果我把迄今活过的每一天，用笔点出一个小点，那这些小点已经足以填满一整张纸。你以为我还记得每个小点所代表的事情吗？我不记得了。你以为我还记得每个伤害过我的人吗？我只记得其中一些人；但我记得我达成的大多数目标，以及改变我人生的恩人；但我确定我会开始忘记一些事情。所以我们会记得哪些人和事物，其实完全取决于我们自己。

我之所以能拥有今天的一切，完全要归功于我的人生目标：活出最充实的人生，并帮助其他人也活出最精彩的人生。因此，我鼓励各位要当自己的人生向导，带领自己到达向往的地方。当你期许自己要过着"不加滤镜的真实人生"时，你最好能对自己许下一些承诺，敦促自己莫忘初衷。各位可以参考我在表 18-1 中所列举的这些事项，当成是你请自己履约的条款——不过你只需签署你认同的部分即可。我希望各位能忠实履行你自己签下的这份合约，活出真实无伪的人生（好事或坏事都坦然面对），让你的真实人生就像你晒在社交媒体上的那般精彩，人生至此，夫复何求。

谨祝各位不加滤镜活出你的真实人生。

表 18-1　不用滤镜活出真实人生合约

- 我，_____，将以我今日所知道及所拥有的一切，做出我最大的努力。
- 我不会为了我的雄心壮志而道歉。
- 我不会为了成就自己而打击别人；而且当我需要别人帮忙时，我会开口求助。
- 我不会让负面思维腐蚀我的心灵，而是让它们激励我革除旧习，让自己改头换面。
- 我不会让任何挫折来界定我这个人或是我的价值。
- 我会更加相信自己，不再动辄懊恼后悔。
- 我会清除对我无益的杂音；我会与那些害我向下沉沦的恶劣小人断绝关系。
- 我会在遇见今生的真命天子／女之前，尽情追求自己的梦想。
- 我会尽力维护我的外表，并感恩我的身体为我做的一切。
- 我不苛责自己。
- 从现在起，我会努力让世界变得比我发现它的时候更美好。
- 我会说"我爱你""对不起"，并在必要时说"不"。
- 我会尽量少玩手机，抬起头来享受眼前的一切。
- 我会记住生命真美好，我亦如是。

立约人　_____
日　期　_____

谢词

我真实人生中的无私支援

没有我亲爱的家人，就不会有今天的我。感谢爸妈，你们总是陪着我度过每一次的起与落，谢谢你们给予我无条件的爱，相信我的梦想，并且言传身教，让我明白什么是家人为先的道理。我以能当你们的女儿为荣，所以我要跟你们分享这个成就。

阿莱西娅，我们能成为好姐妹是上天赐予的缘分，要当彼此最好的朋友则是我们的选择。谢谢你陪我见证所有的故事，并且一直伴我左右，与我同甘共苦。大D，不论是一起聊人生或是为人父母的趣事，你我之间毫无隐藏的心里话，对我而言都是最重要的。席维亚阿姨，谢谢你总是跟我在电话上长谈，并且一直支持我。兰迪叔叔，我是你的大粉丝。马修、乔达纳、艾利克以及克里斯，你们最棒了！谢谢你们为了这本书，跟我做了无数次的头脑风暴。葛莱妮斯与马文，谢谢你们欢迎我加入你们家，并在我从纽约搬往洛杉矶的过程中给我支持。小黛，谢谢你总是在我最需要的时候送上你的爱与关怀，并且当我的心灵大师。布兰登，我很珍惜我们对每一件事所做的坦率对话，谢谢你花了那么多时间跟我讨论这本书。

米卡和尤里，谢谢你们的友谊，以及跟我一起制作那么多的影片。

感谢《企业家》的每个人，尤其是比尔、杰森、丹、琳达、史蒂夫、珍娜以及康瑞，谢谢你们坚定不移的支持。迪帕，谢谢你让奇迹发生，并且当我的磐石给我信心。

感谢《企业家》出版部的詹妮弗与凡妮莎，我们做到了！从我们第一次见面到现在，书居然真的出版了，你们相信吗？谢谢你们从第一天起，就给予我以及这本书信任。能跟你们合作真的是我无上的光荣。凯伦和丹妮耶，谢谢你们的创意以及对细节的留心。

我在撰写本书期间，不但要忙着从东岸搬到西岸，而且肚子里怀着一个小生命，还要在纽约时装周展示我自创品牌的服饰。感谢我在东西两岸的亲朋好友们，帮助我度过这一连串"甜蜜的辛苦"（labor of love）。我还要特别感谢我的表姐卡萝、吉拉与安杜西耶团队、拉比T与毕尼、玛提娜与PT、库西诺博士、贝斯博士、卡琳、大卫、伊恩、罗莉、杰佛瑞、JSW、艾琳、法兰以及艾拉团队。

布莱特，好高兴我终于等到你了。谢谢你在我怀孕期间，用欢笑赶走疼痛；还有在我写书期间，每天做好三餐替我加油打气。书里的一字一句，你不知读过多少次；并且在我们的宝贝出世后，帮我赶上每一次的截稿日。感谢你带给我的一切，我更爱你了！

谢谢你，我的宝贝女儿——艾丽莎·马可斯，你是我跟你爸爸生命中的光。谢谢你选择我当你妈，我对你的爱已经超越文字所能形容，我迫不及待地想跟你一起读这本书。#给你一个大大的拥抱#